青才高志［著］

サービス理論の転換

本来の
サービスと
いわゆるサービス

桜井書店

序

　筆者は,「価値形成労働について――生産的労働とサーヴィス――」『経済評論』(1977年9月号)[以下,『経評』論文と略記]の冒頭で次のように述べた。「いわゆる生産的労働論は, 問題視角上の限界の故もあって, その長い論争史にもかかわらず, いまだ決定的な解決を見ていない。生産的労働論を問題にする以上, 旧来の諸説批判のためにも, 旧来の土俵で議論せざるをえなかった面もあるとはいえ, 本稿の課題は, 従来の論争の限界を指摘し論争を新たな土俵にすえ直すことにある」と (128頁, 下線は今回付したもの)。

　上記で言っている「限界」とは, なによりもまず, 生産的労働論を, また, サービス(労働)は「価値形成」的であるかどうかを問題にする際に, マルクスのサービス概念が誤って捉えられていたという点にあった。マルクスのサービス概念は, 本来, サーバントの労働等, 個人的消費者に雇用された不生産的労働者の労働のことであったにもかかわらず, 1977年当時は, 多くの論者, 実際にはほとんど全ての論者は, 通俗的に, 教育労働等の物的商品(財)を生産することのない労働をサービス(多くの場合, サービス労働)と呼んでいた。筆者がいう「論争を新たな土俵にすえ直す」とは, まず第一に, マルクスのサービス概念を「転換」することであった。そして, 筆者は, マルクス本来のサービス規定に則り, 不生産的労働を本来のサービスと呼び, 通俗的な, 物的財を生産することのない労働を, 本来のものではないがそういわれているものという含意を込め, いわゆるサービス, 多くの場合サービス労働という表現が通用しているので, いわゆるサービス労働と呼んだのである。

　サーバントの労働等の本来のサービスは, 労働の経済的形態規定であり, 教育労働等のいわゆるサービス労働は, 活動状態にある労働等の, 物理的・感性的な規定, 素材的規定である。マルクスは, 彼の最後の生産的労働論, それまでの論を総括し・概括して述べた『諸結果』(『資本論』第1部第1稿)の生産的労働論で, 次のように言っている。「生産的労働と不生産的労働とをそれらの素材的な内容によって規定しようとする試みは, 次の三つの源泉に由来する。／

1)……経済的形態規定を，この形態規定または範疇の素材的担い手それ自身のもつ属性とみなす，資本主義的生産様式に特有な，その本質から生ずる物神崇拝的見解。／2) 労働過程そのものを見れば，ある生産物（ここでは物質的 materiellen 富のみが問題であるので，物質的生産物）に結実する労働のみが生産的であるという見解。／3)……再生産的物財 Artikel に表現される労働と他の単なる奢侈財に表現される労働との間には，富の形成等に関して大きな差異があるという見解。」と (Re. 218 頁 [MEGA. S. 114-115])。

経済的形態規定である本来のサービスと，感性的素材的規定であるいわゆるサービス労働との区別は，同時に，より広く，「問題視角上の限界」の問題と関わる。感性的素材的規定から経済的形態規定への「転換」が第二の「転換」をなす。以下，「問題視角」の「転換」について語ろう ((1)～(5))。

(1) 本書の第1章で述べたこと。父親が同じく机を作っていても，家具産業資本の下でその製作がなされているのであれば，彼の行動は，生産であり，労働である。だが，家庭で子供のために机を製作しているのであれば，その机製作は，個人的消費過程内での一過程，それ故，生産ではなく消費（机製作のための消費手段である木材等の消費）であり，労働ではなく活動である。産業資本の下での父親の机製作の場合には，「商品」である机の製作という「形態」規定ゆえに，彼は，生産し・労働している。それに対し，家庭での机製作の場合には，机製作と机使用の間には「商品流通」という「形態」の媒介はないがゆえに，彼が机を作ってもそれは生産ではなく，そしてそれは固有な意味での労働でもない。work（housework 家事）ではあっても，labour ではない。

(2) 本書の第2章で論じた論点。同じく綿花の場所移動であっても，その綿花に「商品」として関わる，その綿花の所有者にとっては，その綿花の場所移動は，「運輸」過程，流通過程の一部をなす運輸過程である。だが，その綿花の場所移動が「運送」業者に委託された場合，その「運送」業者にとっては，綿花は商品ではなく単なる特定の素材的特性を有する貨物でしかなく，その「運送」過程は場所移動という商品（有用効果）の生産過程である。綿花産業資本の場合には，綿花が商品であり（商品という経済的形態規定にあり），運送資本の場合には，場所移動が商品なのである。経済的形態規定においては，いかなる経済当事者の側からの規定であるのか，商品流通の媒介 Mittel（商品流通

(3)　流通過程の自立化の問題。マルクスは,『資本論』第2巻で次のように述べている。「売買期間は相変わらず価値をつくりだしはしない。そこへ商人資本の機能によって一つの幻想が入ってくる。だが,……。……それ自体としては不生産的であっても再生産の必然的な一契機である機能が, 分業によって, 多数の人々の副業から少数の人々の専業にされ, 彼らの特殊な営業にされても, この機能そのものの性格は変わらない……。」(K. II, S. 133) と。このマルクスの, 産業資本の流通過程 (「売買」過程) が自立化し, 商業資本の「専業」になったとしても, その「不生産的」という「性格は変わらない」という指摘は, 通説において, 教育等, もともとは, 家庭においてなされており, 物的成果・物質的成果を生むことがないが故に価値形成的ではないものが, 学校資本の下に自立化し, 利潤獲得のためになされる労働になったとしても, その価値形成的ではないという「性格は変わらない」等, いわゆるサービス労働は価値形成的ではないとマルクスが言っているということの論拠だとされてきた。産業資本の売買過程が商業資本の下でのそれへと自立化しても, それは「相変わらず」売買過程であり, 経済的形態規定としては同じであり,「変わらない」。だが, 第1章で指摘し, 第2章で「場所移動」を例にとって詳論したように, 例えば, 従来は自己製作していた広告・宣伝のためのポスターを, 自立した広告業者から購入した時, 前者のポスター制作と後者のポスター制作とは, 素材的には同じでも, 経済的形態規定としては, まったくの別物である。前者のポスターの自己製作は, 販売過程の一部をなし, 売買費用がそうであるように価値は形成しない。それに対し, 自立した広告業者のもとでのポスターの受託製作は, 商品 (ポスター) の生産過程であり, そこでは価値が形成される。もちろん, その購入したポスターを用いての広告・宣伝は, 売買過程であり, 形成されたポスターの価値は, そこにおいて, 純粋流通費用として消費され, 販売商品に移転することはないのであるが。

　(4)　上記(3)のポスターの自己製作と受託制作との経済的規定の違いは, どこに, 商品流通が介在するのかという点の相違から生ずることである。前者の場合, ポスターの自己製作とそれを用いての広告・宣伝との間に商品流通が介

在することはない．それ故，経済的規定としては，ポスターの自己製作と広告・宣伝とは，同じ販売過程の一部をなすにすぎない．それに対し，外部の広告業者の下でのポスター制作と購入したそのポスターを用いて行われる広告・宣伝との間には，ポスターの売買という商品流通が介在している．それ故に，経済的規定としては，広告業者のもとでのポスター制作は，商品の生産過程であり，それを用いての広告・宣伝は販売過程なのである．

　(5) 一般的に述べよう．経済学のテーマの経済とは，オイコス経済（家政）ではなく，ポリス経済（political economy）のことである．そして，ポリス経済とは，その第一の意味は，ポリスの，アテネ等の都市国家の，総じて，Gemeinschaft（共同態）の経済（物質代謝）のことである．だが，それは，初めから，オイコスの外の経済，多くのオイコスを含む経済，オイコス（共同体）とオイコス（共同体）との間の経済，総じて，社会的経済（gesellschaftlich な物質代謝）という意味を持っていた．そして，テンニースが，マルクスから学び言ったように，人間相互の関係は，ゲマインシャフト優位の状態からゲゼルシャフト優位の状態へと変化し，そして，今問題としている political economy も，人間相互が直接に結びつく経済，人格的依存関係に基づく Gemeinschaft の経済という意味内容においてではなく，人間相互が物象（商品）を介して結びつく経済，物象的依存関係に基づく Gesellschaft の経済という意味内容において捉えられるようになった．スチュアートの "An inquiry into the principles of political economy" からすでにそうだが，リカードの "On the Principles of Political Economy, and Taxation"（経済(学)の諸原理と課税）の，political economy は，そして，マルクス『資本論』の副題をなす Kritik der politischen Ökonomie の，politische Ökonomie は，社会的経済，商品経済，さらには，そこでは商品（労働力商品）による商品の生産がなされている資本制経済，完成された商品経済である資本制経済という意味内容を持つ．

　総じて，本書第2章の末尾近く（本書59頁）の言い回しを使えば，経済原理論における学的規定は，（商品）経済的形態規定でしかありえない，すなわち，「人間の商品経済内での意識・行動」「経済当事者の立ち居振る舞い（の）概念」化でしかありえないのである．

以下，本書では，二つの「転換」，すなわち，マルクスのサービス概念における「転換」と，形態規定重視，素材的・感性的規定からの解放という「問題視角上の」「転換」によって，生産的労働・サービスに関する理論「を新たな土俵にすえ直すことに」する。

凡　例

一．マルクスからの参照・引用に際しては下記のように表記する。
　(1) 『経済学批判要綱』，Dietz 1953 年版，MEGA. II/1.1・2……Gr. S. —［MEGA. S. —］。
　(2) 『経済学批判』，岩波文庫『経済学批判』，MEGA. II/2……Kr. 一頁［MEGA. S. —］。
　(3) 『経済学批判（1861-1863 年草稿）』(「23 冊のノート」)，MEGA. II/3.1〜6 ……MEGA. S. —。
　　　（本来は，MEGA. II/3.1, S. —，等の形で，MEGA の巻号名を挙げるべきところだが，煩雑さを避けるために，前後の文脈から明らかである場合には，単に，MEGA. S. — と表記した。）
　　　（上記の内，『剰余価値学説史』，MEW 版，で公表されていた部分（MEGA. II/3.2〜4 等）に関しては，参照の便宜を考慮し，……Th. I・II・III, S. — ［MEGA. S. —］，と表記する。
　(4) 『直接的生産過程の諸結果』，岩波文庫『資本論綱要』，MEGA. II/4.1 ……Re. —頁［MEGA. S. —］。
　　　（なお，青才［1977］においては，MEGA. II/4.1 は未だ刊行されておらず，Marx, Karl *Resultate des unmittelbaren Produktionsprozesses*, Archiv sozialistischer Literatur 17, Verlag Neue Kritik Frankfurt, 1969 を参照した。）
　(5) 『資本論』，MEW 版，K. I・II・III, S. —。なお，『資本論』第 3 巻に関しては，第 3 部主要草稿（MEGA, II/4.2.）の MEGA ページ数を，K. III, S. —［MEGA. S. —］の形で，付記する。
　(6) 行論上，マルクスの草稿のノート番号・原ページ数を付記する場合には，例えば，Ms. Heft II, 1317-1331 等と表記する。
　(7) なお，(1)(2)(3)の翻訳は，『マルクス 資本論草稿集①〜⑨』（大月書店）に収められているが，MEGA ページ数から容易に当該翻訳箇所を参照できるので，『草稿集』のページ数は略した。また，訳文は必ずしも上記邦訳等と同じではない。
二．引用文中の［……］は，特に断らない限りは，筆者（青才）の挿入・追記等である。また，引用文中のそれを含め，強調符は，特に断らない限りは，全て筆者が付したものである。なお，引用文中の「／」は，そこでの改行を意味する。

目　次

序　3

凡例　9

第1章　価値形成労働について
　　　——生産的労働とサービス—— ……………………………………… 15

第1節　本来のサービスといわゆるサービス労働 ……………………… 15
　A　諸概念の区別 …………………………………………………………… 15
　B　本来のサービス ………………………………………………………… 17
　C　いわゆるサービス労働 ………………………………………………… 20
　D　本来のサービスといわゆるサービス（労働）との混同の根拠 …… 22

第2節　生産的労働といわゆるサービス労働 …………………………… 24
　A　生産的労働論 …………………………………………………………… 24
　　(a) 生産的労働の本源的規定　26
　　(b) 生産的労働の本源的規定と形態規定　31
　　(c) 生産的労働論の体系的位置　31
　B　いわゆるサービス労働の価値規定 …………………………………… 34

第2章　「場所移動」に対する二つの分析視角
　　　——「有用効果生産説」と「使用価値完成説」との否定的止揚—— …… 37

第1節　安部説・中西説・馬場説の検討 ………………………………… 37
第2節　「運送」と「運輸」 ……………………………………………… 41
第3節　諸説の検討 ……………………………………………………… 45
第4節　有用効果生産説最大の誤謬 …………………………………… 50
補論A　労働過程と生産過程——有用効果概念を睨みつつ—— ……… 60

第3章　マルクスのサービス概念 ………………………………………… 65
第1節　マルクスのサービス概念をめぐって ………………………… 65
第2節　三つのサービス概念 …………………………………………… 71

補論B　サービスの語源，歴史的な用法の変化 ………………………… 76

第4章　労働売買説批判 ……………………………………………………… 81
　　第1節　サービス提供の三形態 ………………………………………… 81
　　第2節　不生産的労働者は，労働力を売っているのか，
　　　　　　労働を売っているのか ……………………………………………… 83
　　第3節　サービス＝「労働の特殊な使用価値」の規定 ………………… 88
　　第4節　不生産的労働といわゆるサービス業との区別 ………………… 98
　　第5節　大吹「労働売買説」批判 ……………………………………… 102
　　第6節　金子「労働売買説」批判 ……………………………………… 106
　　補論C　「資本（・収入）と労働との交換」なるもの ………………… 121
　　補論D　金子説との対質における渡辺雅男説の特徴 ………………… 130
　　補論E　金子におけるサービス概念の転回 …………………………… 133

第5章　非物質的生産における価値規定，
　　　　そして「不確定性」の問題 ………………………………………… 145

　　参考文献リスト　151
　　あとがき　155

サービス理論の転換
― 本来のサービスといわゆるサービス ―

第1章　価値形成労働について
——生産的労働とサービス——[1]

[1] （以下，今回本に編む際の追記であることを明示する場合には，［……］で括る。）

　［本章の元稿は，筆者が大学院時代に，『経済評論』（1977年9月）に公表したものである（以下，『経評』論文と呼ぶ）。ここで，1977年の論文公表当時に利用しえた MEGA の出版状況に触れておこう。①『経済学批判（1861-63年草稿）』（「23冊のノート」）に関しては，MEGA. II/3.1（Ms. Heft I〜V 部分）が出版されただけであった。②『直接的生産過程の諸結果』を含む第1部第1稿を収めた MEGA. II/4.1 は，1977年には未刊であった。だが，筆者は，本章注22）の箇所に関しては，Marx, Archiv 17［1968］で，マルクスの原文を確かめていた。そして，それは，MEGA 編集者によっても，同文と解読されている。③第3部主要草稿を収めた MEGA. II/4.2 は，未刊であった。そのため，筆者は，本章注5）で述べるように，エンゲルスの追加挿入を誤ってマルクスの記述としていた。本書では，その点につき訂正することにする。］

第1節　本来のサービスといわゆるサービス労働

A　諸概念の区別

　「サービス労働」の価値形成の有無をめぐる従来の論争を混乱させてきた原因は，なによりもまず，〈サービス〉概念それ自体が明確でなかったという点にある。また，それは同時にマルクス自身の限界の反映でもあった。マルクスは，つまるところ，サービスを「使用価値としての労働」(Th. I, S. 379 [MEGA. II/3.6, S. 2175]，Re. 212頁 [MEGA. S. 111]，Re. 219頁 [MEGA. S. 115] 参照) と規定している。だが，マルクス自身が明らかにしているように，「労働そのものは，その直接的定在すなわちその生きた存在においては，直接に商品として捉えることはできない。（直接に商品として捉えうるのは（訳者））労働能力だけであり，その一時的発現が労働そのものなのである」(Th. I, S. 141 [MEGA. S. 459])。それゆえ，マルクスのサービス (service) ＝「使用価値としての労働」という規定は，

本来，女中（サーバント servant）の労働等の，価値形成的要素としてではなく単に使用価値として購入された労働力の発現としての労働，すなわち，不生産的労働のことを意味していた。だが，『学説史』および『諸結果』当時のマルクスは，［……］収入と労働力との交換によってその使用価値としての労働を譲渡するという事態を「収入と労働との交換」と表現したため[2]，その本来のサービスと，活動形態にある労働そのものとして現象する対象化された労働，すなわち，生産過程と消費過程とが感性的には分離されない非物的商品＝有用効果[3]とを，明確に区別することに失敗している。また，それは，『資本論』第1巻初版で初めて登場する有用効果概念未成立のゆえもあって，時折，有用効果の販売を労働そのもの，活動そのものの販売であるかのように述べたためとも考えられる。さらに，そのようなマルクスの表現に無批判的に依拠した諸論者の場合には，マルクス自身はけっしてそうではないが，学校資本の下での教育労働等の，有用効果を生産する労働そのものが，サービスと呼ばれることになる。

2）［初出『経評』論文（130頁）では，［……］の箇所で，筆者は，「労働力の価値が労働の価格として現象する事態を批判的に解明する「労賃［形態］論」の未完成のゆえもあって」と述べていた。この点，「収入と労働との交換」という言い回しと労賃形態論との関係については，（第4章）補論Ｃ「「資本（・収入）と労働との交換」なるもの」を参照されたい。］

3）『資本論』における有用効果概念の使用例に関しては，中西健一［1957］「マルクスにおける交通＝生産説の二つの根拠——交通生産説論争によせて——」を参照。そこでの使用例に見られるように，有用効果概念は，それ自体としては物的商品をも含むものである。だが，本章では，単に商品という場合には物的商品を意味することが多いという事情を考慮して，特に，非物的商品のみに限定して用いよう。［有用効果概念の意味内容に関しより詳しくは，第2章，および，補論Ａ「労働過程と生産過程——有用効果概念を睨みつつ——」を参照されたい。］

だが，労働力と，活動形態にある労働と，対象化された労働とを明確に区別する限り，賃労働内部の区別，それゆえ，労働の経済的形態規定である，女中労働等の〈本来のサービス〉と，物的成果を後に残さないという労働の素材的規定である，学校資本の下での教育労働等の〈いわゆるサービス労働〉と，労

働の成果である商品の素材的規定である〈有用効果〉とは，経済学的には全く異なるものとして規定される必要がある[4]）。

4）金子ハルオは，用意周到にも，マルクスのサービス概念に関し，次のように指摘している。「いうまでもなく，マルクスは，サービス（service, Dienst）という範疇をきほんてきには二様の意味に使用している。第一の意味は，……「資本と交換される労働」に対立する意味での「所得と交換される労働」のことであって，資本主義的形態の視点からとらえられた不生産的労働のことである。第二の意味は，……「物質的財貨の生産過程および流通過程」に対立する意味での「消費過程」にたずさわる労働のことであって，「流通過程にたずさわる労働」とともに本源的規定の視点からとらえられた不生産的労働をなすもののことである。サービスがこのいずれの意味に使用されているかを，そのつど明確に把握しているべきであって，両者を混同してはならない。私は，この二つの意味の区別をとくに明示する必要のあるばあいには，前者を「ほんらいのサービス」，後者を「いわゆるサービス」または「たんなるサービス」とよぶ［ここでの強調符は，金子自身によるそれ］」（［1966］『生産的労働と国民所得』，110-111頁）と。第一のサービス概念と第二のサービス概念との区別という論点，および，前者を「ほんらいのサービス」と呼び後者を「いわゆるサービス」と呼んでいることからわかるように，ここでは前者の規定を本質的としている点は評価されねばならない。筆者がこの用語法を採用したのもそのためである（行論上，筆者は金子のいわゆるサービスのうち，本来のサービスと重なり合わない部分のみを特にいわゆるサービス労働と呼んでいるが）。だが，氏においては，両者ともに価値形成的でないとしたため，せっかくの区別が生かされていない。本章の課題は，この区別が価値形成上の区別でもあることを明らかにするところにある。

　［上記で引用・評価した金子の「ほんらいのサービス」と「いわゆるサービス」というサービス概念の区別は，「いわゆるサービス」の側に依拠している金子説にとって自説解体的含意を有しているという点，および，そのことが，氏におけるサービス概念の転回（「ほんらいのサービス」→「形態規定としてのサービス」，「いわゆるサービス」→「一般的規定としてのサービス」という用語の転回）をもたらしたという点に関しては，（第4章）補論E「金子におけるサービス概念の転回」を参照されたい。］

B　本来のサービス

　以下，それらの諸概念の区別と関連に関しての積極的論述に移ろう。女中労働等の本来のサービス（以下，単にサービスという呼ぶ場合もある）とは，「経

済（学）的な意味での賃労働」(Gr. S. 371 [MEGA. S. 375])・「科学的な意味での賃労働」(Th. I, S. 127 [MEGA. S. 443])・「本来の賃労働」(Th. I, S. 141 [MEGA. S. 457])と区別された意味での賃労働，すなわち，生産的労働の対立概念である不生産的労働のことである (Gr. S. 369 [MEGA. S. 373] 参照)。そのことは次のことを意味する。

第一に，本来のサービスが賃労働内部の区別である限り，サービス提供者＝不生産的労働者が販売するものは，生産的労働者がそうであるのと同様に，労働力なのであって，けっして，労働そのものでもなく，また，労働の成果である有用効果でもない。この点に関しマルクス［正確には，エンゲルス］は明確に，「労働力は，価値を創造する能力として販売される。また人は，労働力を生産的に労働させることなしに購買することもありうる，──たとえば，純粋に個人的な目的たるサービス Bedienung などのために」(K. III, S. 395, 参照，MEGA. S. 452-453) と言っている[5]。この点に関し，マルクスは，以下のように言っている[6]。「サービスの場合にも，私は確かにサービス提供者の労働能力を消費するが」云々 (MEGA. II/3.1, S. 121)，「生産的労働者の労働能力は，彼自身にとっての一つの商品である。不生産的労働者のそれもそうである。」(Th. I, S. 130 [MEGA. S. 446])，「（直接に商品として捉えうるのは（訳者））労働能力だけであり，その一時的発現が労働そのものなのである。本来の賃労働がこういう仕方ではじめて説明されうるということは，「不生産的労働」……これについても同様である。」(Th. I, S. 141 [MEGA. S. 457])。

　　5）後半の下線部分は，エンゲルスの追記である。このマルクス・エンゲルスの指摘に関しては，第4章（本書87頁）でも触れる。
　　6）以下のマルクスの指摘に関しては，『経評』論文では枚数制約のため参照頁を挙げるだけだった。本書では，関連箇所を引用することにする。

それゆえ，第二に，通常，「サービスの価値」と呼ばれているものは，サービス提供者の労働力の価値[7]であって，けっして，彼／彼女が提供する有用効果の価値，および，彼／彼女が対象化した労働量によって規定された価値ではない。

　　7）この点に関しマルクスは，「召使や妾の，価値，すなわち彼らの生産費」(Th. I, S. 183 [MEGA. S. 538]) といっている。だが，労働力商品概念および労働力の

第1章　価値形成労働について　19

価値規定自体は,「本来の賃労働」(Th. I, S. 141 [MEGA. S. 457]) が生産的労働のことであったということでも明らかなように, 資本の下での賃労働を抽象の基礎として与えられねばならない。不生産的労働の場合には, そこにおいて価値増殖が問題となっていない, 主人とサービス提供者との個人的な関係がまぎれこむ, 等の理由から, 諸規定はあいまいとならざるをえないからである。不生産的労働者の労賃は, 生産的労働を抽象の基礎として得られた労働力の価値規定の適用, または, それによって規制されるものとして分析されるしかないだろう (Re. 212 頁 [MEGA. S. 445-447])。

さらに, 第三に, 生産的労働がそうであるのと同様に, 本来のサービス＝不生産的労働は, 労働の経済的形態規定であり, その労働および成果の素材的規定性とは関係しない (Th. I, S. 129-131 [MEGA. S. 445-447], Th. I, S. 134-135 [MEGA. S. 450-451] 参照)。それは, 家庭教師の労働のように感性的にも直接に人間に働きかけ目に見える成果を何ら後に残さない場合もあれば, お抱え理髪師のように労働対象たる人間に物的変容をもたらす場合もあれば, 渡辺 [1977] で,「現物サービス」として問題になったように, お抱え仕立職人のように上着という物的使用対象をもたらす場合もある[8]。

8) サービス概念はその成果の素材的内容とは関係ない, という点に関しては, すでに井田喜久治 [1967]「サービスについて」, 松村一隆 [1969] 等の指摘がある。

第四。本来のサービスとは不生産的労働のことであるがゆえに, たとえば女中は, 労働力を資本とではなく収入と交換する。その結果, 一般に商品の使用価値が商品購入者に属するのと同様に, 女中の労働力の使用価値, すなわち彼女のサービス提供は, 個人的消費者としての主人に属し, 主人の生活の一部を構成するものとなる。そこにおいて, 女中の労働の成果は主人の生活手段として消費される。むしろ正確には, 彼女の労働力それ自身が主人の生活手段として消費される。それゆえに, 女中は, 商品を生産せず, 価値も生産しない。その労働は, 後述するように, そもそも経済学的には何ら生産ではないだろう。だが, このことは, 本来のサービスといわゆるサービス労働とを区別することなくすべて価値形成的と考える論者[9]に対する批判とはなりえても, けっして, 価値形成労働を物的財貨の生産に限る見解を正当化するものではない。なぜなら, そのことは, サービスの成果が物的姿態を取るかどうかに関わりなく言え

ることだからであり，第二に，後述するように，自営の医師の労働，学校資本の下での教育労働等は，有用効果という商品を生産するがゆえに，その成果が物的姿態を取らないとしても価値形成的だからである。

9）赤堀邦雄［1971］は，「収入と労働との交換」というマルクスの不正確な規定にむしろ依拠して，不生産的労働者も，労働力ではなく労働＝サービス＝（有用効果）を売る（43頁）のであって価値を生産すると主張している。赤堀の通説批判および『学説史』解釈から学ぶことは多かったが，この点に関しては賛成しがたい。同じく，飯盛信男［1977］の見解も，本来のサービスといわゆるサービス労働との価値形成上の相違を明らかにしていないという点において批判されるべきだろう。また，石倉一郎は，［1967］・［1969］において，特にいわゆるサービス資本の下での賃労働を取り上げて，価値を形成すると主張している。だが，有用効果の小生産の場合および不生産的労働の場合にはどうなるかが積極的に論じられない限り，通説を本当の意味で止揚することにはならないと思う。［石倉はその後［1982］，筆者の『経評』論文を肯定的に評価しつつ，価値形成上の区別は，有用効果の小生産，と，不生産的労働，との間にあることを明らかにしている。］

C いわゆるサービス労働

では次に，いわゆるサービス労働，すなわち，有用効果を生産する労働を問題にしよう。本来ならば，いわゆるサービス資本の下での賃労働を問題にすべきだが，通常そしてマルクス自身においても，自営の医師の労働等が，誤って本来のサービス＝不生産的労働と規定されているという事情を考慮し，特に，有用効果の小生産者を問題にしよう。通常同一視されている有用効果の小生産者，たとえば医師の労働と，本来のサービス提供者＝不生産的労働者，たとえば女中の労働との相違は次の点にある[10]。

10）この点に関し，広田純［1967］は次のように指摘している。「タクシーの運転者やクリーニング屋は，かれらのサービスを商品として売り，国民所得の生産にくわわるが，お抱え運転者や洗濯女中は，主人の消費のためにサービスをし，国民所得の生産にくわわらない。かれらの労働は全て所得と交換されるが，タクシーの運転者やクリーニング屋は商品生産者であり，お抱え運転者や洗濯女中だけが，「形態規定」としての不生産的労働者である。」と。「かれらの労働は全て所得と交換されるが」という表現に見られるように，前者は商品（有用効果）を売るのに対し後者は労働力を売るという点が明確になっていないきらい

があるが，両者を価値形成上の相違として区別した，数少ない貴重な指摘である。かつては通説の代表者の一人であった広田は，上掲論文において，その他にも様々な点で通説よりの脱皮の方向性を示している。評価すべきだろう。

（1）女中は賃労働者であって，エプロン，料理道具等の女中労働のために必要なものは，原則的にはすべて主人の所有物である。それに対し，お抱え医師と区別された開業医師は，医療器具，病院施設等の生産手段を所有している。この生産手段所有の有無という相違は，女中の主人は通常一人であるが，開業医師は一日に何人もの患者を診る，女中は主人の家で労働するが，開業医師は通常自宅で労働する等の相違，総じて，労働の消費者の下への包摂の程度を結果する——現実には，パートの女中もおり，医師も往診するとはいえ——。

有用効果の小生産者を特徴づける個々の消費者からの自立性は，上述したようにさしあたりは生産手段所有に根拠を持つと考えられるが，時には，熟練が自立性を与える場合もある。植木職人の所有する生産手段がハサミだけだとしても，彼／彼女は有用効果の小生産者とみなされるべきであろう。

現実には，本来のサービス提供者と有用効果の小生産者との間には，労働対象，労働手段の所有状況，支払い形態等の点において，様々な過渡形態があり，分類は不可能であろうが，概念的には明確に区別されねばならない。

（2）女中は，労働力を売るのであって，料理・部屋の掃除等の形で対象化された労働を売るのではない。それに対し，医師は，労働力ではなく医療という有用効果を売るのであって，サービス提供者ではなく，非物的商品の小生産者である。それゆえ，彼／彼女は価値を生産している。生産的労働者の場合には，たとえ彼／彼女の生産物が非物的生産物だとしても，彼／彼女の労働力の資本家への販売と彼／彼女の労働の成果の資本家による販売との間には明確な区別があるのに対し，本来のサービス提供者と有用効果の小生産者の場合には，消費者と直接取引関係を結ぶので，そこで労働力を売ったのか有用効果を売ったのかは，日常意識においては区別しえないとはいえ，両者は概念的には明確に区別されねばならない。

（3）通常「サービスの価値」と呼ばれている女中の労賃は，彼女の実際に行う労働時間によって決まるのではないのに対し，医療という有用効果の価値は，けっして医者の労賃ではなく，それに対象化された労働量によって決まる。ま

た，それは，彼／彼女自身が対象化した労働量のみならず，医療のための生産手段に対象化されている労働量を含む。物的商品の小生産者にも妥当することだが，実際に彼／彼女が投下した労働量も，支配的生産条件の下での通常は資本の下での必要労働を基準として評価されねばならず，彼／彼女の純収入は労働者の労賃からの規制を受ける，という現実にもかかわらず，両者は明確に区別されねばならない。

D 本来のサービスといわゆるサービス（労働）との混同の根拠

　二つのサービス概念の区別を明らかにしてきたわれわれは，次に両者混同の根拠を問題にすべきだろう。剰余価値と利潤とを本当の意味で区別するためには，両者混同の必然性，さらには，剰余価値が利潤という現象形態を取る必然性の解明が必要なのと同様に，二つのサービス概念の真の区別は，両者混同の必然性の解明によって初めて明らかとなるからである。すでに，われわれは，マルクスにおいても，①資本・収入と（労働力とではなく）労働との交換等の不正確な表現があった。②『学説史』，『諸結果』段階では，有用効果概念が未成立だった等，マルクスの叙述解釈の際の両者混合の根拠は指摘した。学的概念も日常用語の純化としてしか成立しえない以上，学的概念における混同も，世人の日常意識における混乱の反映と考えられる。それゆえに，今や，その日常意識における両者の混同の根拠，および，それをもたらす現実的根拠が問題とされねばならない。

　言葉はそれ固有の歴史を持つ。サービス概念もまたそうである[11)12)]。サービスとは。資本主義以前には封建家臣団の主人に対する奉公を意味していたが，次第に，従者の用益を意味するようになった。そのサービスに対する反対給付も，封土から現物給付へと変遷し，さらに，貨幣経済の浸透とともに労賃形態を取るに至り，次第に，収入としての貨幣と労働力との交換，すなわち本来のサービスに近くなっていった。この貨幣経済の浸透は，同時に，サービス提供者が消費者たる主人への個人的な支配関係から自立する過程であり，たとえば教育を例に取れば，主人の家に居住するお抱えの家庭教師から時間賃金を受け取る通いの家庭教師へ，さらには，教育という有用効果を売る小生産者である私塾の教師へと次第に自立性を強める。だが，この消費者からの自立の完成は

第 1 章　価値形成労働について　23

同時に教師の自立性の完全な喪失をもたらす。すなわち，資本関係の発展とともに，学校資本が登場し，教師は資本の賃労働者＝生産的労働者となる[12]。

11) ［サービスの語源，用法の変化については，（第 3 章）補論 B「サービスの語源，歴史的な用法の変化」を参照。］
12) ［筆者は『経評』論文において，本パラグラフで述べたように，不生産的労働者と非物的商品の小生産者との区別を強調する際に，教育を例に取り，家庭教師（不生産的労働者）・私塾の教師（生産的労働者でも不生産的労働者でもない）・学校資本に雇われた教育労働者（生産的労働者）との区別を強調した。ところが，この筆者の独創と思った例示は。すでに中西［1965］がそのものズバリ言っていたこと，それも説明図でバッチリ明示していたことであった（参照，19 頁）］。

　人々の日常意識においては，社会的関係は物象化され，その結果，物象それ自体がそれもその素材的特性において特有の社会的性格を有すると観念される。それゆえ，家庭教師の労働，自営の教師の労働，学校資本の下での賃労働者の労働等，本来経済的には，また形態規定としては全く異なる性格を有する労働も，その労働および成果の素材的感性的同一性のゆえに，同一視され，本来は家庭教師の労働への呼称であったサービス概念が他の労働に対しても拡大適用されることとなる。本来は価値を形成することのない不生産的労働の呼称であったサービス概念が，価値を形成する有用効果の小生産，さらには，対立概念である生産的労働にも転用されるという全き転倒が生ずる。

　この感性的類似性ゆえのサービス概念の拡大はさらにすすむ。いわゆるサービス労働は，有用効果を生産する。それゆえ，生産者と分離される物的成果をもたらさないという感性的な類似性のゆえに，けっして本来のサービスとしては営まれえない，商品の運輸・保管，機械の修理等の労働も，産業サービスという名の下にサービスと呼ばれるに至る。さらにいわゆるサービス労働の大半は，教育・医療等直接に消費者たる人間に働きかける。そして，この人間に働きかけるという感性的類似性のゆえに，何ら有用効果の生産でもない労働，それ以上に生産ですらない，商業労働・金融操作等の労働もサービスと呼ばれるようになる。

　本章の意図そのものは，主人の生活内部での商品を生産することのない本来のサービスと，通常それと同一視されてきたいわゆるサービス労働との区別に

あるのであって，生産された商品内部の物的商品と非物的商品（有用効果）との区別，その有用効果が資本によって買われるか，収入によって買われるかという区別，総じていわゆるサービス労働と他の価値形成的労働との区別にあるのではない。有用効果生産の場合には商品在荷は生産の在荷の形態を取らざるをえない等の相違は，製造業と農業の相違等の産業部門間の相違以上のものではなく，有用効果がどのように消費されるかという区別は，生産手段または流通費用内部の不変的資本部分と個人的消費手段との区別として，一般的に明らかにされれば事足りるからである。とはいえ，以下の論述においては，行論上通常の用語法に従って，個人的消費用の有用効果の生産のみをいわゆるサービス労働と呼ぼう。

第2節　生産的労働といわゆるサービス労働

A　生産的労働論

　生産的労働論を混乱させてきた原因は，まず第一に，その生産的労働概念自体が多義的に用いられてきたという点にある。以下の概念は，明確に区別されなければならない。

① 本源的意味での生産的労働，生産物の立場からの，それゆえ，労働過程（正確には生産過程）[13]の立場からのそれ。

13) ［この「労働過程（正確には生産過程）」の含意に関しては，（第2章）補論A「労働過程と生産過程」を参照されたい。］

② 形態規定，歴史的規定としての生産的労働，剰余価値の立場，それゆえ，資本の立場からのそれ（以下，本章を通じて，単に生産的労働という場合には，この②のみを指す）。

③ 小生産者の労働を含めた，商品それゆえに価値を生産する労働。国民所得（v＋m）を生産する労働，すなわち，国民所得の立場からのそれ。

④ 物質的再生産の立場，いかなる労働が物質的再生産の規模拡大に資するのかという観点からのそれ。この観点からすれば，軍事品，奢侈品等を生産する労働は除かれる。

マルクスの生産的労働概念は，①と②，とりわけ②にある。だが，従来の論争においては，マルクスの生産的労働論の検討，①と②との関連を問うという形で問題を立てながら，「サービス労働」の価値形成等，実際には③が問題とされていた[14]。また，その際，一方では，価値形成と労働およびその成果に対する道徳的判断とは関係しないと明言されつつも，他方では，同じく人の輸送といっても通勤と単なる観光旅行とは異なる，という主張に見られるように，④の観点がまぎれこんでいた。生産的という表現自体が，何らかの価値判断を背後に想定するものであるだけに，ますますそうだった。このような混乱を避け，生産的労働論を不生産的な議論に終わらせないためには，逆説的ながら，「生産的」という表現を，できる限り用いないようにすることが必要だろう。

14) マルクスの生産的労働と，国民所得を生産する労働との区別に関しては，次の諸論稿を参照。副田［1956］。阿部［1967］「生産的労働論と国民所得論――マルクスの生産的労働論を国民所得論の基礎論構築のために用いることの誤りについて」。広田［1967］。

　固有の意味での生産的労働，すなわち資本制的意味での生産的労働は，資本のために剰余価値を生産する労働である。それゆえ，それは，価値形成労働であることを当然のこととして含んでいる。そこに，本来課題が異なるにもかかわらず，これまで，価値形成の有無が生産的労働論という形で問題にされてきた理由がある。以下，われわれも，マルクスの生産的労働論の検討を通じて，いわゆるサービス労働の価値形成を問題にしよう。

　マルクスは，一方で，生産的労働を，価値を形成するのみならず剰余価値を生産する労働であると規定するとともに，他方で，学校資本の下での教育労働等のいわゆるサービス労働を明確に生産的労働だと規定している（例えば，『資本論』第1巻第14章，K. I, S. 532）。とすれば，生産的労働は価値形成労働であるがための十分条件をなしているがゆえに，いわゆるサービス労働は論理必然的に価値を形成することとなる。問題は以上のように単純であって，挙証責任はむしろそれを否定する通説のほうにこそある。

　通説においては，この点に関し次のような解釈がなされてきた。（a）生産的労働の本源的規定は物的財貨の生産に限られる。（b）生産的労働の形態規定は，資本の下での賃労働のことであり，それは小生産者の労働を含まないと

いう点においては，本源的規定の縮小だが，いわゆるサービス資本および商業資本の下での賃労働を含むという点においては，本源的規定の拡大である。（ｃ）それゆえ，価値を形成しないいわゆるサービス労働や商業労働も資本に利潤，すなわち，剰余価値の取得をもたらす限りで生産的労働の形態規定を受ける，と。以下，（ａ）（ｂ）（ｃ）の各々を批判検討の対象としよう。

（ａ）生産的労働の本源的規定

従来，生産的労働の本源的規定とは，生産的労働の素材的規定のことだとされ，物的成果をもたらす労働のみがそうだと主張されてきた。単に価値形成を物的生産に限る論者のみならず，〈サービス労働〉の価値形成を主張する論者の多くもそう主張している。だが，マルクス自身は，「もしひとが，全過程をその成果たる生産物の立場から考察するならば，労働手段と労働対象とは共に生産手段として現象し，労働そのものは生産的労働として現象する」(第5章, K. I, S. 196) と規定しているのみであって，その生産物が物的姿態を有さねばならないといっている訳ではない。

自然と人間との物質代謝の全過程は，ある意味では，すべて人間の生命＝生活＝Leben (life) の生産および再生産過程である。固有の意味での生産過程においては，生産手段・労働力の生産的消費がなされ，生産物が生産される。それは，同時に，間接的な人間生活の生産である。それに対し，生活過程においては，生産物の個人的消費がなされ，そこでは消費者たる人間の生活が直接に生産および再生産される (S. 198 参照)。だが，それは，ホテル業者の下での料理生産は，料理を食べること自体と比較すれば間接的だが，家庭でのパン製造に比較すればより直接的に見える等，感性的・素材的な区別ではありえない。また，米を作ること，米を炊くこと，ライスをお皿に盛ること，ご飯を食べること等と並べた場合に，米を家庭で自家製造しているならばその米作も生活過程であり，レストランでライスを注文して食べるならば，そのライスを食べる以前の諸過程は生産過程であるということからもわかるように，社会的分業の内に位置づけられた生産と家庭内での消費との区別，言い換えれば，社会的 gesellschaftlich 物質代謝過程としてのポリス経済 politische Ökonomie と個人的（または共同態的 gemeinschaftlich）物質代謝過程としてのオイコス経済（家政）との区別として，社会的規定性において区別されるしかない。さらに，この区

別は，現実には，商品流通の媒介を指標とすることによって，初めて明確な区別となる。すなわち，人間生活にとって直接的＝無媒介的 unmittelbar か，間接的＝媒介的 mittelbar かという区別は，感性的な物的使用対象の媒介 Mittel の問題ではなく，それ自体，商品流通においてもっともよく明示されるところの社会的関係の媒介の問題なのである。

総じて，「生産過程における労働」の簡略な表現である本源的意味での生産的労働は，経済学的意味での生産物すなわち商品[15]を生産する労働の底にある歴史貫通的実体として，基礎規定を与えるべきであろう[16]。それゆえ，それは，次に詳論するように，労働およびその成果の素材的規定性とは論理的対応関係を持たない。

15)「自己消費のための生産は問題外である。そもそも問題となる生産物とは商品のことである。」(「1861-63年草稿」，MEGA. II/3.1, S. 119)
16) 生産的労働の本源的規定の抽象の基礎は，本文で述べたように，商品生産労働，さらには，小生産者の場合には生産と消費，すなわち，商品生産と自家消費用財貨の「生産」とが未分化にならざるをえないがゆえに，資本の下でのそれにある。だが，規定自体はその底にある歴史貫通的実体規定，すなわち，「生産物を生産する労働」という規定に尽きるのであって，それは，社会主義社会における共同ストック生産のための労働，領主のための農奴の労働等にも適用される。商品生産労働が抽象の基礎とされたのも，規定がそこにおいてもっとも明確になるからにすぎず，規定それ自身は社会的分業の内に位置づけられた労働かどうかにあるからである。さらに，それは，商品生産・商品流通からの規制を受ける限りにおいて小生産者の下での自家消費分の「生産」にも適用され，さらには，ロビンソン物語等において，比較論として問題になる場合には，純粋に個人的消費のための使用対象の製作が生産と呼ばれる場合もある。次第に諸規定はあいまいにならざるをえないが，そうである。

第一に，家庭内での諸活動および本来のサービスは，たとえ物的成果をもたらそうと生産的労働ではない。父が息子のために日曜大工で犬小屋を作ったとしても，その犬小屋は固有の意味での生産物ではなく，彼の活動は，たとえ犬小屋という物的成果をもたらそうと，個人的生活過程内部での消費の一段階をなすにすぎず，散歩や子供の泥人形制作がそうでないのと同様に，けっして生産的労働ではない。彼の犬小屋制作と，その犬小屋の使用＝消費（実際には息子いやむしろ犬によって消費されるとはいえ，概念的には彼によって消費され

る）とは，商品流通という社会的関係の媒介を欠いているがゆえに，全体が個人的消費過程，息子をも含んだ彼の家族生活の再生産過程となるからである。それに対し，父が資本家の下で犬小屋を作り，それを息子に買い与える場合には，同じ活動，同じ犬小屋であるにもかかわらず，彼の犬小屋制作とその消費の間には商品流通が構成的契機として介在することになり，この介在によって生産過程たる犬小屋生産と生活の一部をなす犬小屋の消費とは明確な区分を与えられることとなる。その場合には，犬小屋は固有な意味での生産物であり，父の犬小屋生産は生産的労働である[17]。

17) 同じ使用対象である犬小屋が，家庭内部での父の活動によっても，また，資本の下での賃労働によっても「生産」されるということは，同時に，個人的消費過程の一部（けっして全部とはなりえない）の資本の生産過程への転化の可能性を意味する。この転化は，いわゆるサービス部門の拡大等に見られるように，現在の賃労働者の生活に関しても生じている事態であって，「いわば，現在も進行しつつある〈原蓄〉」と位置づけることができるだろう（青才［1976］11頁参照）。そこにおいて，消費者の生活手段は，消費者から分離され，資本の下での生産手段に転化し，生活内部での活動も資本の下に包摂され，資本の下での賃労働に転化しているからである。また，このことは，生産された価値総額を意味する国民所得が，富の規模を十全な意味では捉ええないということをも意味しているだろう。

本来のサービス＝不生産的労働に関しても同様のことがいえる。女中のサービス提供は，労働であって父の犬小屋制作のような単なる活動ではない。なぜなら，女中の個人的生活と女中の労働がなされる主人の生活とは，労働力の売買という商品流通の介在によって明確な区分を与えられているからである[18]。だが，商品流通が介在するのは労働力の売買に際してであって，女中の労働の成果と主人によるそれの消費との間に商品流通が介在するわけではない。それゆえに，女中の労働の成果がたとえ料理等の物的成果をもたらそうと，それは，固有の意味での生産物ではなく，彼女の労働も生産的労働ではない。女中の労働と主人による消費とは，ともに主人の個人的消費過程の諸段階をなすにすぎず，ともに主人の生活を生産および再生産するにすぎないからである。

18) 通常，労働とはそれ自身が目的ではなく手段である人間の意識的な活動一般とされているが，資本制社会において労働の名に値するのは，貨幣獲得の手段と

しての労働のみである。

　第二に，物的成果をもたらすことのないいわゆるサービス労働も，それが有用効果という生産物を生産する限りにおいて，本源的意味における生産的労働である。

　商品規定，さらには商品の使用価値規定が物質的かつ物的な[19]商品を抽象の基礎として得られたものである（参照，K. I, S. 49-50）のと同様に，生産的労働の本源的規定も，物質的かつ物的な商品の生産を抽象の基礎として得られたものであり，また，それは，単なる便宜的処理の問題ではなく，それ自体根拠ある抽象である。だが，商品規定が，物的生産物を越えて，「場所移動という」有用効果等にも適用されることからもわかるように，その規定自身は，それが商品を，正確にはその実体としての生産物を生産する限りにおいては，学校資本の下での教育労働等のいわゆるサービス労働にも妥当するものである[20]。確かに，教育労働は，直接に児童に働きかけ彼／彼女の「頭脳を加工する」（第14章，K. I, S. 532）のであって，目に見える生産物をもたらすわけではない。それゆえ，それは，消費者たる児童の労働力等を直接に再生産するように見える。だが，ここで，生産物規定自体が感性的素材的にではなく商品流通の媒介を指標とする社会的規定として与えられたことを思い起こす必要がある。父が日曜大工で作った犬小屋は物的使用対象であるにもかかわらず固有の意味での生産物ではなかった。それとは逆に，学校資本の下での教育労働は，物的成果をもたらさないとしても，社会的には，教育という非物的商品＝有用効果を生産している。児童は，正確には彼／彼女の両親は，その教育という有用効果を買うのであって，そこには構成的契機として商品流通が介在しているからである。その介在のゆえに，感性的には一体であり，時間的には同時である教師の教育活動と児童の勉学活動とは，経済的・形態的には，有用効果の生産過程とそれの消費過程という区別を与えられ，その教育という有用効果は固有の意味での生産物という規定を受けることとなり，その教育労働も生産的労働の本源的規定を受けることとなるのである。

19) 物質的 material という概念と物的 dinglich という概念を，マルクス自身が常に明確に区別していたというわけではないが，われわれとしては，両者を一応区

別して考えるべきだろう。物質的生産とは，政治的・宗教的・観念的・精神的「生産」等総じて上部構造という概念に対応したものであるのに対し，物的とは感性的・物理的な対象性を意味する。それゆえに，たとえば絵画等の物的成果をもたらす芸術労働（芸術活動？）は物的生産であるかもしれぬが，それは「非物質的生産」である（参照，Th. I, S. 385［MEGA. II/3.6, S. 2182］）。逆に人を輸送する労働は，たとえ労働者および消費者と分離しうる物的成果を残さないとしても「物質的生産」である（同，S. 387［MEGA. S. 2183］）。

20) 物的商品の生産が理論抽象の基礎として選ばれた根拠としては次のものが考えられる。①物的商品こそが商品世界において質的にも量的にも主要部分を占める。②貨幣はそれが果たさねばならない機能のいずれをとっても，物的な客観的な量規定を持たねばならず，貨幣を自らの発展として生みだす商品もそうでなければならない。③共同態と共同態の間から発生した，という商品の外的性格は，共同組織構成員と分離しうる物的商品においてより明示的となる。④いわゆるサービス労働においては，一般に，資本の下への労働の形式的・実質的包摂も不十分に終わらざるをえず，特殊資本制的な生産様式の分析のためには，物質的かつ物的な産業部門が選ばれねばならない。このことは同時に，熟練労働の資本の下への包摂，労働量による価値規定の問題とも関係している。等々。

理論抽象の基礎と，そこで得られた規定の妥当範囲とは異なるということ。および，経済学においては，理論抽象の基礎と根拠とを明確にした上で諸規定を与えることが課題であって，その規定の妥当範囲の確定が課題なのではなく，むしろ様々な中間形態・限界領域にかかずりあうことは，諸規定をあいまいにするだけであるということ。この両者を統一的に把握すべきだろう。

第三に，売買の合意締結のための労働，すなわち，商業労働は，本源的意味における生産的労働ではない。それは，単なる生活内部での活動，および，主人の生活内部での労働である本来のサービスとは異なり，商品流通に前後をはさまれた経営内部での労働であるが，物的財貨・有用効果を問わず，何ら生産物を生産する労働ではないからである。単なる管理労働と区別された意味での，資本家および産業下士官が行う搾取するための労働についても，同様のことが言える。本来のサービスが主人の生活を再生産するものであったということを考えるとき，それらは，本来のサービス＝不生産的労働以上に「不生産的」と言うこともできるだろう。

以上の生産的労働の本源的規定を前提として，次に，それと生産的労働の形態規定との関連を問題としよう。

(b) 生産的労働の本源的規定と形態規定

　通説においては，生産的労働の形態規定はある側面からすれば本源的規定の拡大だと解されてきた。また，確かに，マルクス自身，『資本論』第 1 巻第 14 章において，管理労働等を想定しつつ，「労働過程そのものの協業的性格とともに，必然的に，生産的労働の・およびその担い手たる生産的労働者の・概念が拡大する」(K. I, S. 531) と主張している。だが，それは，「労働過程［正確には生産過程］そのものの協業的性格とともに」生じた事態であって，けっして資本が生産過程を包摂した結果生じた事態なのではない。それゆえに，それは，「単純な労働過程の立場」(S. 531) からの規定の拡大ではあっても，そこにおいても依然として，生産物を生産する労働が生産的労働であるという本源的規定は貫徹しているのであって，けっして本源的規定それ自体の拡大ではない。

　とすれば，単に生産物を生産するのみならず剰余価値（＝剰余生産物）を生産する労働と規定される生産的労働の形態規定は，本源的規定の縮小，それも一方的縮小として捉えなければならないだろう（参照，S. 532）。このことは以下のことを意味することになる。形態規定が妥当する限り本源的規定は妥当し，資本の下での教育労働は形態規定において生産的労働であるがゆえに，本源的にも生産的労働である，さらに，本源的規定が妥当しない限り形態規定も妥当せず，商業労働は本源的意味において生産的労働ではないがゆえに，形態規定としても生産的労働ではない，ということを。

(c) 生産的労働論の体系的位置

　さらに，通説においては，資本の下での賃労働である限り，それゆえ資本家に利潤という形態で剰余価値の取得をもたらす限り，商業労働等の価値を生産せずそれゆえに剰余価値を生産しない労働も生産的労働だ，と主張されている。だが，生産的労働論が『資本論』において占める体系的位置を考える限り，そのような立論は成立しえない。

　第一に，生産的労働論は『資本論』第 1 巻・第 2 巻次元での議論である。同じく資本と労働力との交換といっても，第 1 巻・第 2 巻の論理段階と第 3 巻の論理段階とではその資本概念自体が異なる。前者においては，資本とは可変資本と不変資本のみであり，収入とは剰余価値と労賃であり，流通費用は剰余価値からの控除，「収入からの控除」(K. II, S. 134) である。すなわち，第 1 巻・第

2巻段階においては，商業労働は，「1861-63年草稿」当時のマルクス的な言い方をすれば，「資本と交換される労働」ではなく，「収入と交換される労働」なのである。だが，後者（第3巻）においては，流通費用も含め資本家が実際に投下した貨幣額のすべてが資本，自らの果実として利潤を生む資本とされるに至る。通説が依拠している「商業資本の買う商業労働も，商業資本にとっては［für es（現行版ではそうではないが，マルクス原文では「とっては für」は下線で強調されている］直接に生産的である。」(K. III, S. 313 [MEGA. S. 375])というマルクスの論述もそのような文脈において捉えなければならない。すなわち，流通費用が資本として現象する世界においては，本源的にも形態規定としても生産的ではない商業労働も「生産的である」と現象する，と。考えてみれば，「商業資本にとっては」という留保文言よりして多言は要しなかったことなのかも知れない。「商業資本にとっては」という留保は，経済学的にはそうではない，ということを事実上言っているに等しいからである。

　第二に，生産的労働論は，『資本論』第1巻「資本の生産過程」における議論である。そこにおいては，生産過程が分析の中心であり，そこで問題となる資本は生産過程を包摂した資本，マルクスが以前には「生産的資本」とも呼んでいた産業資本でなければならない。それゆえに，商業資本，商業労働は生産的労働論の対象ではない (Th. I, S. 388 [MEGA. II/3.6, S. 2184, Heft XXI, 1331]，および，それを書き直した文, Re. 221頁 [MEGA. S. 117, Ms. 486] 参照)。

　第三に，生産的労働論は『資本論』における位置からいっても明らかなように，剰余価値論を総括するものとして位置づけられている。生産的という概念は，当然のことながら生産物の立場からの評価を示す。それゆえに，「資本制的生産の直接の目的および本来の生産物は――剰余価値であるから，直接に剰余価値を生産する労働のみが」(Re. 208頁 [MEGA. S. 108])「資本の立場」(Re. 209頁 [MEGA. S. 109]) からは生産的である。あくまでも，資本の本来の生産物である剰余価値の生産が問題なのであって，単なる取得が問題なのではない。そもそも，マルクスが初めて意識的に生産的労働概念を使用したのは，『要綱』において貨幣の資本への転化を論ずる際にであったということを思い起こしてみる必要がある[21]。そこでは，資本を価値増殖させる労働が問題とされている (Gr. S. 183 [MEGA. S. 196-197])。もし，この生産的労働に，価値を生産せずそれ

ゆえ剰余価値を生産することもない商業労働等が含まれているとすれば，マルクスの貨幣の資本への転化論は意味をなさなくなるだろう．

21) マルクス自身の生産的労働論の課題は，はじめから，固有の意味での資本すなわち産業資本とは何か，その資本に対する本来の賃労働（「経済学的意味での賃労働」）とは何か，という点にあった (Gr. S. 369-371 [MEGA. S. 373-374] 参照)．とすれば，この点が『資本論』全巻を通じて明らかにされた以上，改めて「生産的労働」を問題にする必要はないこととなる．『資本論』において，学説史上のテーマ——「理論の歴史を取り扱う第4部」(K. I, S. 532) のテーマ——とされ，テーマ的に問題とされることが少なくなったのも，そのためであろう．

総じて，産業資本の下で剰余価値を生産する労働のみが生産的労働，形態規定としての生産的労働なのであり，例えば，「学校教師［は］生産的労働者である」(K. I, 第14章, S. 532) 等，資本の下でのいわゆるサービス労働をマルクス自身が生産的労働と呼ぶのもその意味においてである[22]．

22) 資本の賃労働であっても生産的労働ではない例．「例えば諸訴訟，実定法上の行為[a]等々，これらすべては，買手としての商品所有者と商品の売手との間の契約に関係する．そして，資本の労働との関係には何ら交渉をもたない．これらの仕事をする人はこのことによって資本の賃労働者となるのではあろうが，それによって生産的労働者となるのではない．」(Re. 214頁 [MEGA. S. 112])．［金子等通説を奉ずる諸論者は，①教育労働等のいわゆるサービス労働は価値も剰余価値も生まない，という自分自身の臆断と，②教育労働等を生産的労働と言っているというマルクスの論述とを両立すべく，学校資本の下での教育労働等は剰余価値を生産しないが資本の賃労働者である限りは利潤（剰余価値の取得）をもたらすので生産的労働であると，形態規定としての生産的労働を規定した，正確には，その変造，発明をしたのであろう．だが，上記の，「資本の賃労働者」であっても「生産的労働者」でないこともある，というマルクスの論述を踏まえ，資本の下での賃労働は剰余価値を生産しない場合も含め「形態規定としての生産的労働」である，という自説を，筆者（青才）はしばしばそうしているが，マルクスとは異なるが……ということを明言して主張すべきだろう．］

    a) 岩波文庫版向坂訳では，「快楽的行為」となっているが，原語は materielle Akte であり，誤訳ではないかと思われる．［青才［1977］『経評』論文で，筆者は，MEGA はなお未完であったので，Marx, Karl, *Resultate des unmittelbaren Produktionsprozesses*, Archiv sozialistischer Literatur 17,

Verlag Neue Kritik Frankfurt, 1969（S. 69）を参照し上記のように述べたが，原文は，MEGA でも同様であった。]

B いわゆるサービス労働の価値規定

これまで，資本の下でのいわゆるサービス労働は，商業労働とは異なり，本源的意味でも形態的意味においても生産的労働であるということ，それゆえに，物的商品を生産する他の産業労働と全く同様に，価値を形成し剰余価値を生産するということを明らかにしてきた。本項では，この価値形成という点を特に取り上げ，生産的労働に含まれるという間接的な形ではなく，直接に問題としよう。また，その際，通説を支持するかに見えるマルクスの論述の検討も合わせて行いたい。まず最初に，いわゆるサービス労働の価値形成に関し，ほぼ決定的と思えるマルクスの論述を示しておこう。『資本論』第 2 巻第 1 章の周知の「運輸業」[23]に関する論述（K. II, S. 60-61）がそれである。

23）[現在，筆者は，例えば紡績資本の綿糸による市場までの場所移動である「運輸」と，例えば，日通・クロネコヤマト等による「場所移動という有用効果」の生産・販売という場合の場所移動である「運送」とを，用語上も区別すべきだと思っている。この点に関しては本書第 2 章で主題的に論じたので，第 2 章を参照されたい。その論述を踏まえると，この「運輸業」は，わたくし的には「運送業」と表現すべきだということになる。]

そこで，マルクスは次のように言っている。「生産過程の生産物が新たな対象的生産物でなく商品でないような，自立的な産業諸部門がある。そのうちで経済的に重要なのは交通業——商品や人間のための本来的運輸業であるか，報道・手紙・電信などの伝達であるかをとわない——のみである。」生産物が対象的生産物でなく物的商品[24]でない場合においても，それを非生産部門（金子ハルオの用語法）ではなく産業部門であるとしている点，および，人間の運送であってもかまわないと言っている点に注意。この点に関しては，（Th. I, S. 387 [MEGA. II/3.6, S. 2183]）にも同様の指摘がある。

24）商品概念が物的商品を抽象の基礎として規定されたことを反映して，単に商品という場合には物的商品を意味することが多い。しばしば通説を支持するものとして引用される，マルクスの「すこしも客観的姿態をとらない——物として

サービス提供者から分離された存在をもつことなく，また価値成分として商品にはいって行くこともない——一部の単なるサービスが云々」(Th. I, S. 137 [MEGA. S. 453]) という論述の解釈においても，その点が忘れられてはならない。ここで言っているのは，人の輸送・教育等においては，生産された価値がその場で個人的に消費されるために，一般の産業労働や商品輸送のように「商品に」「価値成分として」「はいって行く」ことはないということであって，けっして通説を支持するものではない。

さらに，「この有用効果 [運送資本が販売する場所移動] は，その消費に関しても他の諸商品とまったく同じことである。それが個人的に消費されるならば，その価値は消費とともに消滅する。」と言っている。その有用効果の価値が輸送対象に移転される商品輸送のみならず，その価値が個人的に消費される人間・手紙・贈答品の輸送の場合にも，その場所移動という有用効果は価値を有するとしている点に注意。とすれば，一般に，個人的に消費される有用効果を生産する労働，すなわち，いわゆるサービス労働も価値を生産することになる。人々は，『資本論』執筆期内部においても後期に属するこの第2部第5稿 (1877年) における論述をあくまでも基礎とすべきである。

従来，不生産的労働者は，彼／彼女に支払われた財源を生産しないというマルクスの指摘 (Th. I, S. 128 [MEGA. S. 445], Th. I, S. 138 [MEGA. S. 453], Th. I, S. 182 [MEGA. S. 528] 参照) が，いわゆるサービス労働が価値を形成しないことの論拠とされてきた。だが，これらの指摘は，すべて不生産的労働すなわち本来のサービス (以前に述べたように，マルクスは，医師等の有用効果の小生産者の労働も誤ってこの内に含めているが) に関してのものであり，また，資本投下と収入の支出との区別一般に関した指摘であって，けっして通説を支持するものではない。なぜなら，それはいわゆるサービス労働に関しての指摘ではなく，また，その本来のサービスの成果が料理等の物的使用対象であろうと，さらには，収入の支出対象が，本来のサービスのための労働力およびいわゆるサービス労働の生産物である有用効果であろうと物的生活手段であろうと，その財源を補塡しないという点では同じだからである (Th. I, S. 135-136 [MEGA. S. 244])。

不生産的労働者，たとえば家庭教師は，その労働力の購入者のために商品を生産せず，それゆえに価値を生産することもなく，彼／彼女に支払われた労賃の財源は消費者の収入である。だが，この同じ教育労働が資本の下に包摂され

るならば，彼／彼女に支払われる労賃の財源は資本なのであって，資本家は，その労働の成果としての有用効果を消費者に売り[25]，その財源を補填することになる（参照，Th. I, S. 137 [MEGA. S. 453]）。問題なのは，彼／彼女がどのような社会的関係の下で労働するかということであって，労働および労働生産物の感性的区別ではない。

> 25) いわゆるサービス労働の成果は，個人的に消費される有用効果であるだけに，労働者に支払われる財源の財源，いわば究極的財源は消費者の収入である。だが，このことは，生活手段生産部門一般において妥当することであり，その生活手段が物的商品であるか有用効果であるかという素材的区別とは何の関係もない（参照，Th. I, S. 136-137 [MEGA. S. 422-423]）。

総じて，労働およびその成果の物的性格を価値形成の有無の指標と考える諸見解は，社会的規定性と素材的規定性とを混同する物神崇拝的見解として批判されるべきだろう。演劇資本は，演劇を舞台で観客に，さらに生放送としてテレビ放送資本に等，直接に流動形態で売る場合もあれば，フィルムの形で映画上映資本に，ビデオの形でテレビ放送資本に等，物的商品の形態で売る場合もある。その場合に，前者をいわゆるサービス労働であるがゆえに価値を生産しないとし，後者を物的商品の生産であるがゆえに価値を生産するとするのは，マルクス経済学および労働価値説を戯画化することでしかないだろう（Gr. S. 234 [MEGA. S. 244] 参照）。

第2章　「場所移動」に対する二つの分析視角
――「有用効果生産説」と「使用価値完成説」との否定的止揚――

　筆者は，第1章に再録した『経評』論文「価値生成労働について」の「三　流通費用」において，自立した「運輸」資本の下では場所移動という有用効果の生産 [以下，この意味での場所移動を，運輸と区別し運送と呼ぶ] がなされ，そこでは価値が形成され剰余価値が生産される，それ故，有用効果生産説は運輸費用論（一般的に言って流通費用論）としては全くの謬見である，という主旨のことを述べた[1]。本章の課題は，『経評』論文の叙述の行間を補いつつこの点について詳論し，有用効果生産説の意義と限界を明らかにする点にある。

　1）本第2章の元稿青才 [1983] の表題が，「有用効果生産説批判――有用効果生産説は正しい，故に誤りである――」であるのは，この意味においてである。

第1節　安部説・中西説・馬場説の検討

　まず，安部隆一 [1947]『流通諸費用の経済学的研究』[2]，（以下，『流通諸費用』と略），中西健一 [1957]「マルクスにおける交通＝生産説の二つの根拠――交通生産論争によせて――」(以下，「二つの根拠」と略)，馬場雅昭 [1974]「運送費用論序説――流通費用解明のための予備的考察――」(以下，「運送費用」と略)[3] の検討を通じて課題に迫ろう。

　2）安部は，「空費」概念に対する検討がないまま，おそらくはマルクスの「商品に使用価値を追加しないで商品を高価にする費用，つまり社会にとっては生産の空費に属する費用が，個別的資本家にとっては致富の源泉をなしうるのである」(K. II, S. 139) という指摘に依拠してであろうが，運輸費用・保管費用は個別的には価値形成的だが社会的には剰余価値からの控除である，と主張している。少なくとも，この規定，すなわち運輸費用等は社会的剰余価値からの控除である，という規定が誤りであるという点に関しては，加藤義忠 [1969]「保管費用の特殊性――安部教授の所説によせて――」36-44頁を参照。

　3）筆者は，不勉強故に，前掲『経評』論文をこの馬場論文の存在を知らないまま

書いた。論文読了後も自説変更の必要は感じなかったが，ただ，事前に参照していたら，『経評』論文での叙述は違ったもの・より改善されたものになったことは確かであるだけに，読者および馬場氏におわびしたい。

（イ）安部の見解

有用効果生産説の提唱者である安部は，『流通諸費用』第三章「運送費用」において次のように言っている。「運送費用によって生産されるのは，運送＝位置変化なる利用効果そのものである。ところで利用効果とは使用価値の一変化なのであって，対象的な形態をとらない。即ち利用効果は対象的な生産物ではない。それであるから，利用効果は生産されると同時に刻々に消費されねばならぬという性質をもっている。……／今述べたように，運送費用によって生産される利用効果は，利用効果たるの故に，刻々に生産されると同時に刻々に消費されねばならぬ。それの生産過程は同時に消費過程なのであって，事実上分離しえないものである。しかしここに理論上，この利用効果の生産過程と消費過程とを分って考察する。」(91-92頁)と。

有用効果生産説の指標は往々誤解されているように有用効果（安部の場合には「利用効果」）という用語自体にある訳ではない[4]。その指標は，「事実上分離しえない」「利用効果の生産過程と消費過程とを」「理論上」「分って考察する」という分析視角にこそある（以下，有用効果生産説的分析視角と呼ぶ）。それ故，この分析視角を採用する限りにおいて「われわれは有用的効果なる概念が，対象的生産物にも無形の生産物にも妥当する一般的規定であるがゆえに，無形生産物については有用的効果なる名称を捨てて，用役……とよぶことを提案したい」（「二つの根拠」46頁）と言う中西および馬場（参照，「運送費用」89頁）の説も依然として有用効果生産説である。

4）マルクスのNutzeffektという概念は，利用効果（安部）・有用的効果（中西・加藤・馬場）・有用効果等，様々に訳されてきた。別に訳の違いが見解を分かつという事情がある訳でもなかろうが，私は，マルクスはNutzeffektという概念をもともと有用的労働（nützliche Arbeit）との関連において使用しているという点[a]，およびNutzとnützlichとの，すなわち名詞と形容詞との差異という点とを考慮すれば，有用効果という言い回しが原語の香りをもっともよく伝えると思えるので，有用効果という訳語を採用する。

①マルクスの『資本論』における用語法[b)]に従う限り，有用効果とは物的使用価値・物的商品をも含むものである。本文で有用効果という用語自体は有用効果生産説の指標とはなりえないと言った理由はまずこの点にある。②さらに有用効果とは具体的有用的労働の目的・成果であるが故に，それ自体としては，半製品・部分生産物をも含む概念である（参照，K. I, S. 359, S. 365）。だが，①′ 有用効果概念は特に「サービス労働論」・「交通生産説論争」・「流通費用論」等において問題とされた概念であるが放に非物的成果を意味するものとして，②′ さらに有用効果生産説の眼目は，「運輸」労働等は有用効果を生産するが故に価値を生産すると主張する点にあり，その場合には有用効果が価値性格を有するものとして問題にされているという点を考慮し，以下，行論上，特に非物的商品を意味するものとして用いたい。

［有用効果概念に関しては，本章補論A「労働過程と生産過程——有用効果概念を睨みつつ——」で，労働過程と生産過程の区別も含めて問題にする。］

a) マルクスは，「その有用性がその生産物の使用価値に，またはその生産物が使用価値であるということに，表される労働を，われわれは簡単に有用労働と呼ぶ。この観点の下では，労働は常にその有用効果に関連して考察される。」(K. I, S. 56) と言っている。この論述は，『資本論』において最初に有用効果という用語が登場する箇所である。なお，有用効果という用語の登場は『資本論』第1巻初版以前には確認されていない。それ故に，初版当該部分は，マルクスの叙述において最初の有用効果の登場例である。マルクスと読者との共犯関係を考えるとき，われわれとしても，この有用効果概念を理論構築の基礎と考えるべきだろう。

b) マルクスの有用効果概念の使用例については，中西「二つの根拠」44-45頁，谷川宗隆［1977］「『資本論』第一巻における有用的効果について(1)」98頁，を参照。［なお，谷川［1977］等は，その後，谷川［1988］に再録されている。］

(ロ) 中西の見解

安部の有用効果生産説を，通常そうされているように「第二章　保管費用」（『流通諸費用』40-41頁）からではなく「第三章　運送費用」(91-92頁) から引用したのもそのためだが，安部における有用効果生産説の生誕・のそのまた源泉は，『資本論』第2巻第1章「貨幣資本の循環」におけるマルクスの「生産過程の生産物が新たな対象的生産物でなく商品でないような，自立的産業諸部門」としての「交通業——商品や人間のための本来的運輸業であるか，報道・手紙・電信などの伝達であるかをとわない——」に関しての叙述 (K. II, S. 60-61) にある。

安部が「利用効果」という用語をキー概念として用いていること自体，さらに，安部が第三章「運送費用」を第二章「保管費用」よりも先に書いたということ（参照，『流通諸費用』はしがき），保管費用を論ずる際に第三章「運送費用」を「必ず参照せられたい。」(35頁)と述べていることは，そのことの傍証となるだろう。

　中西は，以上述べた点を対自化し，「実は利用効果生産説と使用価値完成説との対立も，……前者が主として第一篇第一章「貨幣資本の循環」の中の論述に，後者がもっぱら第六章第三節「運輸費」中の説明に依処していることから基因しているのである。」(「二つの根拠」25頁)と述べている。重要な論点なので詳引しよう。「『資本論』「運輸費」——および『経済学批判要綱』——においては商品の流通過程観点において必要とされる物的手段，流通費用の考察に即して，その限りでのみ交通業が現われ——その限り人間輸送が視界に現われないのは当然である——しかも純粋の流通手段・流通費用として規定しつくせない運輸業の特性に着目するとき，「追加的生産過程」・「流通過程の内部でのかつ流通過程にたいする生産過程の継続」という規定が成立するにいたるのである。これにたいして，第一篇第一章第四節では，……産業資本でありながら，……一般的範式にたいして特殊型に立つものとして交通業が取上げられ，……交通業のproductの独自性の分析が与えられているのであって，かかる視角からする限り，交通業はその全部門において現われるし，現われざるをえないのである。」(39頁)。

　わたくし的観点から捉え直すならば，中西はここで次のことを言っていることになる。①「運輸費(用)論」においては，「商品の流通過程観点」からする，または「商品流通，物質的財貨の再生産との関連」(35頁)における運輸過程が問題となり，そこでは運輸は商品の「追加的生産過程」である，②それに対し，「資本循環論」においては，産業資本としての交通業・「運輸」業(筆者(青才)の用語法では「運送業」，以下同じ)，すなわち，自立した「運輸」資本の下での「運輸」過程が問題となり，そこでは「運輸」は場所移動という有用効果(中西の用語法では「交通用役」，参照46頁)の生産過程である，と。このことを明確にした点にこそ，中西「二つの根拠」論文の最大の意義がある。

（ハ）馬場の見解

われわれはこれまで，有用効果生産説は，自立した「運輸」資本の下での「運輸」を問題にしたもの，または，それを理論抽象の基礎としたものであることを明らかにしてきた。この点は，馬場の［1974］「運送費用論序説」を見ればより一層はっきりする。注意すべきは次の点にある。

①馬場は，当論文の「分析の対象」は「自立化した運送過程そのもの」だとし，「行為それ自体としては運送行為であっても，自立化した運送資本によって遂行されるのでなければ，本稿における分析の対象とはならない」（87頁）と言い切っている。

②有用効果生産説的分析視角に立って「自立した運送資本」の下での「運送過程」を分析し，それは，場所移動という有用効果（馬場の用語法では，「場所移動のための有用効果」より正確には「運送用役」，参照89頁）[5]の生産過程であることを，物的商品でなければ使用価値ではないとか・物的財貨を生産する労働のみが価値を形成するとかいうような虚妄を排しつつ明らかにした。

> 5）馬場の「のための有用効果」という言い回しの意図がわからぬではないが，以下，行論上，通常の用語法に従って「場所移動という有用効果」という言い回しを用いる。

③そして，何よりもこの点こそが重要な点だが，「運送用役」の生産過程の分析を課題とした「運送費用論序説」論文では，その「運送用役」が消費される過程は問題にしないとし，その点から，「本稿（で）は流通費用の一つとしての運送費用の考察を目的としたものではない」（85頁）と言い切っている（105-106頁をも参照）。

わたくし的立場からまとめ直そう。馬場は，有用効果生産説の立場から自立した運送資本の下での運送は「運送用役」の生産過程であるとし，その「運送用役」の消費過程の問題は，「流通費用の一つとしての運送費用」の問題だとしている。真理に一歩近づいた見解と言いうるだろう。

第2節 「運送」と「運輸」

これまで筆者は，伏線をはりめぐらしつつ従来の有用効果生産説の主要論点

を摘出してきた。以下、それを踏まえつつ、われわれの積極的見解を提示しよう。

まず最初に、人々が混迷に陥っている状況を脱するべく、性格が異なる二つの「場所移動」を、「運送」と「運輸」という二つの異なる用語を用いて表現しよう。場所移動という有用効果を、生産する過程における場所移動を「運送」と呼び、自己商品の市場までの場所移動等、流通過程における商品の場所移動を「運輸」と呼ぼう。「運送」と「運輸」との区別という論点自体は、単に「ことば」「用語」の問題にすぎない。だが、マルクスにおいて、労働とは区別された労働力という概念を立てたことが、そして、利潤とは異なる剰余価値という概念を立てたことが、いかに、資本主義経済の分析を深めたかを思い起こしてみる必要がある。「運送」と「運輸」という異なる規定性を有する用語の使用により、われわれは、運送であり運輸である場所移動、運送ではあるが運輸ではない場所移動、運送ではないが運輸である場所移動等々の形での分明な分析も可能となるが故に、中西において「二元論的誤謬に導くおそれの多分にある……二重規定」（「二つの根拠」39頁）と映じた混乱を克服することができるであろう。

日通、クロネコヤマト、JR等、自立した運送資本は、トラック等の運送手段と運送労働力とを購入し、それを生産的に消費することによって場所移動という有用効果を生産し、それを商品として販売する。その運送の対象は、貨物（商品・中間製品・原料、さらには、贈答品等）であろうと人間であろうとはたまた情報であろうとかまわない。また、場所移動という有用効果は非物的なものではあるが使用価値（非物的な使用価値）であるが故に、そこにおける経済（学）的諸規定は一般の産業資本の場合と全く同一である。それ故、自立した運送資本の（貨幣資本の循環から捉えた）範式は、マルクス（K. II, S. 61）とは異なり、G——W……P……W′——G′ となり、GおよびW＝自立した運送業者が投ずる有用効果生産のための費用（価値的および素材的）、……P……＝「追加的生産過程」ではなく有用効果の直接的・本来的生産過程、W′およびG′＝生産された有用効果およびその販売価格、を意味することになる。総じて、自立した運送資本の下での、より正確に言えば自立した運送資本にとっての運送過程に限って言えば、有用効果生産説は全面的に正しいのである[6]。

6）「運輸資本［より正確には自立した運送資本］に関して述べたことは、自立した保管資本（倉庫業資本）、広告資本、その他商品売買に必要な資材を生産する

資本等に関しても同じである。それは、投機のための商品在荷、純粋に商品売買のために必要な諸手段であってもかまわない。保管業者は保管（使用価値の維持等）という有用効果を生産し販売しているのであって、彼／彼女自身が投機しているわけではなく、また、広告業者は、ポスター、CMフィルム等を生産し販売しているのであって、けっして、彼／彼女自身が（自己商品を）広告しているのではないからである。」（前掲『経評』論文144頁）。

　だが、自立した運送資本にとって運送過程が場所移動という有用効果（一般的に言って商品）の生産過程であるということは、その運送過程は固有の意味での（それ故商品の）運輸過程ではないということを意味している（運送と運輸との使い分けに注意）。なぜなら、固有の意味での「運輸過程」とは、生産過程・保管過程・売買過程と対をなす商品の生産・流通上の規定であるのに対し、自立した運送資本の下での「運送過程」とは、紡績過程・織布過程・農作物の栽培過程等と対をなす、産業資本の生産過程の素材的規定にすぎないからである。それ故、たとえ自立した運送資本が商品を運送する場合にも、厳密に言えば「商品輸送」ではない。なぜなら、運送対象をなす商品は運送資本の商品資本を構成するものではなく、それ以上にそもそも運送資本にとってはそれは商品ではなく単なる貨物であるにすぎないからであり、運送資本は自己の商品すなわち場所移動という有用効果を輸送している訳ではないからである。

　同様のことを別の側面から問題にしよう。自立した運送資本は、トラック等の運送手段と運送のための労働力とを購入して運送を行うが、その運送過程が場所移動という有用効果の生産過程である限り、そのために投じられる費用は生産費用であり、けっして固有の意味での運輸費用ではない。なぜなら、「運輸費用」とは、生産費用・保管費用・売買費用と対をなす商品の生産・流通上の一つの費用を意味するのに対し、たとえ運送資本の投下する費用を「運輸費用」と呼んだ場合にも、それは、紡績費用・織布費用等と対をなす産業部門的・素材的特殊性をもった一生産費用を意味するにすぎないからである。

　では、固有な意味での運輸過程・運輸費用とは何を意味するのだろうか。これまで述べてきたように「運輸」を商品の生産・流通における規定と捉える限り、商品所有者にとっての自己商品の場所移動こそが運輸であり、そのために投ずる費用こそが運輸費用である。すなわち、商品所有者（実際には産業資本

家または商業資本家）が運輸を自から行う場合には，彼／彼女がその運輸のために投じた費用，すなわち，トラック・労働力等の購入費用が運輸費用であり，商品の所有者が商品運輸を外部の自立した運送資本に委託した場合には，彼／彼女が商品運輸のために購入する「場所移動という有用効果」の価値，すなわち，彼／彼女が運送業者に支払う「運賃」が運輸費用なのである。

この点を，従来から問題とされてきた運輸費用・保管費用は $(c+v)$ か $(c+v+m)$ か，という問題との関わりにおいて述べれば，次のようになる。自立した運送資本の投ずる「運送費用」$(c+v)$ は運輸費用ではなく生産費用であり，自己運輸の場合には $(c+v)$ が，委託運輸の場合には運賃（委託された運送業者にとっては $(c+v+m)$，委託した商品所有者にとっては (c) が運輸費用である，と。

総括しよう。①有用効果生産説は有用効果（一般的に言って商品）の生産過程の分析であってけっして商品の運輸・保管過程の分析ではない。②有用効果生産説は，有用効果（一般的に言って商品）の生産費用を問題にしているのであってけっして商品の運輸・保管費用を問題にしているのではない。③それ故，有用効果生産説は，運輸・保管費用については何も語りえず，その限度をわきまえることなく流通費用を問題にするとすればそれは全くの謬論となる[7]。

> 7) 加藤は，前掲［1969］「保管費用の特殊性」において，有用効果生産説的発想から商品「保管」は自立した「保管」資本によってなされると想定した上で，次のように言っている。
> 　①「有用的効果の生産過程で言われる保管費用と有用的効果の消費過程で言われる「保管費用」［カッコ付きのそれ──青才の挿入］とは「明確に区別されなければならない。」（34頁）。前者，すなわち「有用的効果を生産するための費用が保管費用である」（37頁）。
> 　②その「有用的効果という「生産物」の生産過程」で「支出される保管手段と保管労働者の労働力はあきらかに生産費用である」（34頁）。
> 　③その「有用的効果という「生産物」」が「再生産過程によって制約されている場面において消費された場合，その有用的効果は生産費用となり，再生産過程によって制約されていない場面において消費された場合，たとえば，流通の停滞のために消費された場合，その有用的効果は純粋流通費用となるのである。」（35頁）。
> 　加藤が概念の明確化ということを問題にしているだけに，期せずしてそれだ

けますます有用効果生産説の「問題性」が明確となっている。わたくし（青才）的な用語法または概念規定に従えば，事態は次のように表現されるべきである。

②′自立した「保管」資本の役ずる「保管」手段と「保管」労働力は，「使用価値の維持という有用効果」の生産に必要な費用であり，「有用効果という生産物」を生産する費用であるが故に，〈生産費用〉である。そしてそれ故に，それは〈（価値）生産的費用〉である。

①′この有用効果が保管委託者の下で商品保管のために消費されるならば，その有用効果（の価値＝保管料）は〈保管（のための）費用〉をなす。

③′その有用効果が「再生産過程によって制約されている場面において消費された場合」には，保管費用（＝有用効果の価値）は〈（価値）生産的（または移転的）費用）〉となり，「再生産過程によって制約されていない場面において消費された場合」には，その保管費用は〈（価値）不生産的（または不移転的）費用）〉となる。後者は，〈（価値）生産的流通費用〉ではないが故に，売買費用と同様，〈純粋流通費用〉をなす，ということもできる。

根本的要点は，加藤説の場合，一般的に言って有用効果生産説の場合には，そもそもそれが焦点をなすはずの「運輸費用」および「保管費用」という概念がその所を得ていない，という点にある。

第3節　諸説の検討

以下，本節では，諸論者の見解との対質を通じて筆者の見解の補強を計ろう。

［1］中西は，以前述べたように，使用価値完成説は「運輸費用」における規定であるのに対し，有用効果生産説は自立した運送資本（中西の表現では，産業資本としての交通業）における規定だとし，そのことから，前者は商品輸送に関する特殊的規定であるのに対し，後者は商品・人・さらには手紙・贈答品の輸送をも含む一般的規定だとし，さらに，それ故に前者は後者に包摂されねばならない，と主張している（参照，「二つの根拠」38頁）[8]。

8）安部も同様の視角から使用価値完成説を批判している（『流通諸費用』87-91頁参照）。

問題は以下の点にある。

①本当に両者は特殊と一般との関係にあるのだろうか。中西の場合，商品所有者による商品の自己運輸はどうなっているのだろうか。有用効果生産説は，

この商品の自己運輸をも包摂しうる一般的規定なのだろうか。［この点に関しては次第4節で詳説する。］

②そのことを問わず仮に商品運輸は全て自立した運送資本によってなされると考えた場合にも問題は残っている。特殊と一般が喧嘩すれば常に一般が勝つというものではない。有用効果生産説が「一般」的規定でありうるのは，自立した運送資本はその運送対象に単に素材的に関わるにすぎないという抽象性，運送資本は場所移動という有用効果がどう消費されるのかということには無関心だという抽象性，総じて，運送資本は「商品の輸送」を「商品の運輸」という経済的規定性においては捉ええず，単にこれこれの素材的特性を有する貨物の場所移動としてしか捉ええないという抽象性の故ではなかろうか。言い換えれば，有用効果生産説は，自立した運送業・交通業という特殊な産業部門の生産過程の性格何如という特殊的視角から事態を見るが故に，輸送対象の特有の経済的規定性が見えなくなり，社会的・物質的再生産の営みにおいて異なった意味を有するものを包括的・一般的に捉えうるにすぎないのである。

［2］別の視角からではあるが，馬場は「運送費用」論文105-106頁で，中西説を批判し，次のように言っている。

「前者［有用効果生産説］は運送用役の生産過程そのものに即した分析であり，後者［使用価値完成説］は運送用役の消費過程に注目した分析であるから，両者はもともと論理次元を異にするものである。それ故，両者の関係は，中西健一氏の指摘のように一般的規定と特殊的規定，全体と部分の関係……にあるのではない。したがって，「マルクスにおける交通生産説の二つの根拠，交通＝生産根拠の二つの契機は交通経済学にとっては相互否定的・二者択一的な内容をもつ原理であって，二元論的誤謬におちいることなくしては相互補完的に生かす道はない」［中西「二つの根拠」28頁からの引用］……という所説も誤りである。」と。注目すべき論点である。

この点に関し，筆者は，前掲［1977］『経評』論文において，馬場［1974］「運送費用」論文の貴重な指摘を知らないまま，次のように述べた。「両説（使用価値完成説と有用効果生産説）は同じことを問題にしているように見えながら，実は別のことを問題にしているのであって，その意味では両説ともに，正しい側面を持つと同時に一面的である」[9]（143頁），「中西健一氏は，……使用価値完

成説は，商品輸送に関する部分規定であり，有用効果生産説は，商品，人，さらには手紙・贈答品の輸送をも含んだ一般的規定であると主張されている。この指摘自体は重要だが，両者の分析視角の相違を部分と一般の関係と見て前者は後者に包摂される，と主張される限りでは誤りにつながる」(144頁) と。

9) 拙稿での叙述の限りでは,「使用価値完成説」の正しさを主張していると解されても仕方のない言い回しをしたが,「使用価値完成説」が「正しい側面を持つ」のは，ただ，有用効果生産説とは異なり少なくとも「流通費用としての運輸費用」を問題にしているという点にあるにすぎない。運輸費用が(価値)生産の費用である根拠は，それは使用価値生産と有機的関連を有する過程に投じられる費用である，という点にある。それ故，商品運輸は,「追加的」といういいまわしの内にわたくし的な意味を含ませるならば，追加的生産過程であると言ってもいいが，それは，けっして,「使用価値を完成させる過程」ではない。「使用価値を完成させる」という言い回しに対する批判としては，安部『流通諸費用』(70-74頁) を参照。

強調符によって示した馬場と筆者との叙述上の差に注意。①馬場のように両説の差を運送用役の生産と消費との「論理次元」の差と捉える場合には，両説は常に補完し合うことになるが，私のように「分析視角の相違」と捉える場合にはそうではない。たとえば，商品の自己運輸は有用効果生産説とは何の関係もない，運送資本の下での贈答品の輸送は使用価値完成説と直接の関係はない等。②私は，一般的に，両説の「正しい側面」を生かそうとしているのであって，馬場のように「交通経済学にとって」も両説を「相互補完的に生かす」べきだとは考えていない。後に (本節 [4] 項で) 述べるように,「交通経済学にとっては」使用価値完成説は全くの誤謬であるからである。

[3] 問題は,「両説の正しい側面」を「相互補完的に生かす」とすればどうなるのかという点にある。解決のカギは中西の叙述の内にある。

中西は，マルクスの自立的な「交通業」に関する叙述 (K. II, S. 60-61) を参照した後に (「二つの根拠」36-37頁),「ではなぜマルクスは，交通＝生産根拠として有用的効果生産説をもって十分であるにもかかわらず，二元論的誤謬に導くおそれ多分にある商品運送に関しての二重規定——一方では有用的効果を生産するためとしながら他方では追加的生産過程であるためとする——をおこなったのであろうか」と疑問を呈し,「直接的理由はいうまでもなく，第一根拠

と第二根拠における交通業の分析視角の相違にある」とし，前者（使用価値完成説）は，「商品の流通過程観点において必要とされる物的手段，流通費用の考察に即して，その限りでのみ交通業が現われ」た場合の規定だとし，後者（有用効果生産説）は，「産業資本」としての「交通業が取上げられ」た場合の規定だとしている（39頁）。

　ほとんど真理と言ってよいだろう。問題は，「分析視角が相違」するということは実際には同じ商品の場所移動に対し異なる視角からする規定を与えうるということを意味するが故に，規定の「二重」性はけっして「誤謬に導くおそれ」のある「二元」性を意味する訳ではない，という点にある。具体的に言おう。自立した運送資本の下での「商品運送」が価値を生産（形成）するのは，それが場所移動という「有用効果を生産するため」であり，そこで形成された〈有用効果の価値〉が輸送対象をなす商品に移転され〈輸送された商品の価値〉を形成することになるのは，有用効果の消費という形でなされる商品の運輸が商品の「追加的生産過程であるため」である等，分析視角が相違する限り同じものに対する「二重規定」は「二元論的誤謬」に陥ることなく同時に成立しうるのである。つまり。「分析視角の相違」とは同じ商品（例えば綿糸）の場所移動に対しての運送資本（例えば日通）の側からの規定と運送委託者（紡績資本）の側からの規定との相違を意味し，その分析視角の相違に基づく「二重規定」とは，商品（綿糸）の場所移動は前者（日通）にとっては「場所移動という有用効果の生産過程」であり後者（紡績資本）にとっては「商品の追加的生産過程」であるということを意味しているのである。そもそも経済（学）的規定は経済当事者との関わりにおいて与えられねばならないが故に，例えば，商品の売買とは，商品所有者による商品の販売であり，かつ，貨幣所有者による商品の購買である等，複数の経済当事者が登場する場合には複数の規定が同時に成立しうるのである。

　[4] われわれは，これまで，有用効果生産説と使用価値完成説（正確には追加的生産過程説）との幸福なる結合について述べてきた。だが，その幸福なる結合自体商品の委託運輸の場合に限って成立するにすぎず，また，その商品の委託運輸を別の視角から分析するが故に成立するものであるが故に，具体的に言えば，同じ商品（綿糸）の場所移動が運送資本（日通）にとってと運送対象

をなす商品の所有者（紡績資本）にとってとでは異なる意味を持つということであるが故に，単純に両説ともに正しいという訳ではない。すなわち，両者がともに「交`通`=（価値）生産の根拠」となることはできず，また，両者がともに「運`輸`=（価値）生産の根拠」となることはできない。

　具体的に言おう。「いわゆる交通=生産論争の対象は，自立した運輸産業［より正確には運送産業］，または，通信業等をも含めた交通産業であり，その限りでは，有用効果生産説が妥当性を持ち，また，この見解は，生産的労働および価値形成労働は物的財貨生産に限らないということを証明するものとして，生産的労働論およびいわゆるサーヴィス労働論においても重きをなす。だが，有用効果生産説の有効性はここまでであって，運輸資本［より正確には自立した運送資本］ではなく運輸費用が問題となるいわゆる流通費用論への適用は許されない。」(前掲拙稿『経評』論文144頁)。逆に，使用価値完成説は，少なくとも流通費用としての運輸費用を問題にしている限りにおいて，「流通費用論」においては，有用効果生産説よりも優位を占める。だが，この視角から自立した運送資本の下での運送および交通の性格を問題にすることはできない。

　［**5**］安部は，「運送費用」は「運送なる利用効果」を生産するが故に［価値］生`産`［`的`］費用だと言っている(参照，『流通諸費用』92-93頁，106頁)。「利用効果」の生産費用を流通費用の一つをなす運輸費用（安部の用語法では運送費用）だと誤り解しているという根本的誤謬を問わないとしても，安部説の場合には，「運送費用」は，固有の意味での，それ故商品「運`輸`」のための費用という点に即してではなく，単純に，それは，「運送なる利用効果」の生`産`費用であるが故に［価値］生`産`［`的`］費用だ，としているにすぎない。商品保管が自立化した倉庫業者によって担われている場合には，保管費用とは商品保管を委託した資本が倉庫業者に支払う「保管料」となる。この保管料（保管という有用効果の価値）の保管された商品への価値移転上の区別に関しては〈安部有用効果生産説〉は何も語っていない。確かに，〈安部〉は，商品保管に関し，「保管という利用効果」が「生産的に消費され」その価値が移転する場合と「売買費用として消費され」その価値が移転しない場合とを区別している(参照，51-52頁)。だが，その区別とは，ローゼンベルク以来の「再生産条件によって制約されてゐる」「期間」と「範囲」における保管とその「期間と範囲とを超える」保管との区別

であって（参照，51-52頁），けっして有用効果生産説によって与えられた区別ではない。すなわち，これこそが焦点をなすはずの流通諸費用の価値形成上の規定は有用効果生産説とは何の関係もない，ということを安部は自己の論述内容そのものにおいて語っているのである。

　[6] 総括しよう。有用効果生産説は，交通＝生産論争においては正しいが故に，まさにそれ故に，流通費用論においては誤りなのである。だから，本章で取り上げた，有用効果生産説を唱える諸論者の内でも，「マルクスにおける交通＝生産説の二つの根拠」を問題としている中西の罪は一番軽く，『流通諸費用の経済学的研究』を有用効果生産説の立場からなそうとしている安部，および，「保管費用の特殊性」を有用効果生産説の立場から解明しようとしている加藤の罪は重く，「運送費用論序説」として運送用役生産論を説いている馬場の罪は，その「序説」という限定の故に両者の中間をなす（文中の「……」等は各氏の論文題名）。

第4節　有用効果生産説最大の誤謬

　これまでわれわれは，ある意味では，有用効果生産説を唱える諸論者の見解を首尾一貫した形で展開・整理すれば，諸論者の意図とは異なりこうなるということを述べたにすぎない。有用効果生産説の最大の誤謬，すなわち，例えば商品の自己運輸を「場所移動という有用効果」の同一主体の下での自己生産かつ自己消費であると捉える・有用効果生産説的分析視角の最大の誤認は手付かずのまま残されている。以下，その点につき詳論しよう（[1]～[6]）。

　[1]「それ［利用効果］の生産過程は同時に消費過程なのであって，事実上分離しえないものである。しかしここに理論上，この利用効果の生産過程と消費過程とを分って考察する。」（安部『流通諸費用』92頁）という有用効果生産説的分析視角，わたくし的に言えば，時間的・感性的には分離しえないものも経済（学）的には・「理論上」は分離しうるという発想それ自体は，評価すべきである。だが，その理論上の分離は，恣意的なものであってはならず，現実に即したもの，事態そのものに存在する分離を概念化したものでなければならない。

　筆者は，以前『経評』論文において，次のように述べた。「学校資本の下での

教育労働は，物的成果をもたらさないとしても，社会的には，教育という非物的商品＝有用効果を生産している。児童は，正確には彼／彼女の両親は，その教育という有用効果を買うのであって，そこには構成的契機として商品流通が介在しているからである。その介在のゆえに，感性的には一体であり，時間的には同時である教師の教育活動と児童の勉学活動とは，〔経済的・〕形態的には，有用効果の生産過程とそれの消費過程という区別を与えられ」る，と（137-138頁。本書29頁）。

　筆者は，一般的に「事実上分離しえないもの」を「理論上……分って考察」しようと言っている訳ではない。筆者は，「構成的契機として商品流通が介在している」ということこそが「理論上」の「分離」の根拠をなすと考え，その介在がある場合には，感性的・時間的には分離しえないとしても，有用効果の生産過程と消費過程との間には現実の事態そのものにおいて，いわば「事実（の）上（で）」分離または区別があるとし，その現実の区別に即して「理論上」も区別しなければならない，と言っているのである。

　有用効果の生産と消費との間に「構成的契機として商品流通が介在している」ということは，有用効果の生産主体とその消費主体とは商品流通を介して関連するにすぎないということを，それ故，両者は異なる経済主体であるということを意味している。自立した運送資本の下での運送過程を有用効果生産説的分析視角から場所移動という有用効果の生産と消費とに「理論上……分って考察する」ことができるのは，その場合には，自立した運送資本と運送委託者という異なる経済主体が登場し，両者の間に運賃支払いによる「場所移動という有用効果」の売買という形で「構成的契機として商品流通が介在している」からである。それに対し，商品の自己運輸の場合にはそうではない。「自己運輸」ということばからしてそうだが，そこには別の経済主体は登場せず運輸過程それ自体には商品流通は介在しない。商品を自己運輸する資本家は，運輸手段と運輸労働力を買い運輸した商品を売るのであって，けっして「場所移動という有用効果」を売買する訳ではないからである。

　生産主体と消費主体とが経済的に異なり，生産過程と消費過程とが「事実上」も理論上も分離または区別される場合に限って成り立つ有用効果生産説的分析視角を，その分析視角が成立しうる基盤に対する反省のないまま商品の自

己運輸等にも適用しうると考えた点に，有用効果生産説の最大の誤謬がある。

この誤謬に関しても，最も罪が軽いのは中西である。氏は，「作業場内分業と社会的分業には本質的な区別があり，前者での運輸労働の結果は——それだけをきりはなして——商品として販売されないのにたいして，後者の運送用役は商品として販売される。」(「二つの根拠」33頁) と述べている。

氏はここで，「運輸労働の結果」が「それだけをきりはなして」「商品として」売買される自立した運送資本による委託運輸と，そうではない商品の自己運輸との間には「本質的な区別」があるということを，それ故，有用効果生産説は後者には妥当しないということを事実上言っているのである。

安部と加藤の罪は重い。例えば加藤[1969]は，「保管資本が産業資本から独立し，独自の資本家によって投下された場合を考えれば，事態は明確になるであろう。」「現実に有用効果の生産と消費が同一資本の下でなされている場合も事態は本質的に異ならない」(37頁) と明言している。自立した「保管資本」の分析によって得られた有用効果の生産と消費との区別という論点を商品の自己保管の分析にも移入しうる，という完全なる「移入論」である。問題は，商品の自己運輸の場合には，有用効果の生産は問題にならない，という点にのみあるのではない。問題は，このような，有用効果の同一主体の下での自己生産かつ自己消費という発想は，経済学的諸規定を無に帰す誤謬である，という点にある。以下，項を改めその点について論じよう。

[2] われわれは，これまで，「構成的契機として商品流通が介在」し有用効果の生産主体と消費主体とが経済的に異なる場合にのみ有用効果生産説的分析視角は妥当しうる，それ故，そうではない商品の自己運輸・自己保管の分析に有用効果生産説的分析視角を移入することはできない，ということを述べてきた。以下，その「移入論」の誤りを，逆の方向から，すなわち，それを首尾一貫して展開した場合の結果を示すことによって明らかにしよう。

安部は，生産的在荷の「保管」・「生産場所内部」での「空間上の位置変化」をも，有用効果の生産とその生産的消費，有用効果の生産による価値形成とその価値の移転，と捉えている (『流通諸費用』45頁，95頁参照)。すなわち，商品保管・運輸のみならず生産過程に対しても有用効果生産説的分析視角を適用しているのである。何というナンセンス[10]。勿論，生産的在荷の使用価値維持活動

および「生産場所内部」での半製品等の「空間上の位置変化」が自立した倉庫業資本および運送資本によってなされている場合には安部の立論は正しい。だが，安部の場合には，一般的に言って有用効果生産説の場合には，通常そうであるようにそれらが当該産業資本自身によってなされている場合に対しても，そうだと言っているのである。

10)「生産場所内部」での「空間上の位置変化」は，けっして「運輸過程」ではなく生産過程である。われわれは空間上の位置変化であれば「運輸」だ・使用価値の維持であれば「保管」だというような没概念的規定に留まっていてはならない。そのような没概念的規定からすれば次のようなナンセンスを結果せざるをえないからである。①柱に金槌で釘を打っている大工は家を「生産」しているのではない。彼／彼女は，金槌を上下に「運輸」し釘を柱の中へ「運輸」しているのだ。②アンモニア（NH_3）の製造過程は，「生産」過程ではなく，「運輸」過程である。なぜなら，それは，窒素（N）分子と水素（H）分子の「位置変化」という「運輸」過程だからである。③工場（労働用建物）は「生産手段」ではない。それは，原料・労働手段等の使用価値を風雨の害から守っているのだから，「保管」手段である，等々。
　経済学的規定としての「運輸」とは商品の場所移動であり，「保管」とは商品の使用価値の維持である。経済学（political economy）の諸規定は商品との関連において与えられるしかないのである。

　このような立論が一般的妥当性を持つとすれば，例えば紡績過程も「紡績という（または紡績のための）有用効果」の生産と消費とが同時になされる過程だ，と捉えられることになる。そして有用効果生産説に従えば，紡績資本の下での綿糸の生産過程は，綿糸の生産ではなく「紡績のための有用効果」の生産という形で価値を形成し，紡績機械等の生産的消費ではなく，その「紡績のための有用効果」の生産的消費という形で価値を移転する過程であることになる。そしてその結果，生産過程における労働と生産手段との区別，可変資本と不変資本との区別，さらには価値形成（生産）と価値移転との区別は無に帰することになるだろう。

　安部は，さらに，「保管なる利用効果」の個人的消費（『流通諸費用』50-53 頁）および「位置変化なる利用効果」の個人的消費（95 頁，98-100 頁）を問題としている。「人間労働力の生産場所［居住空間＝個人的消費の場所］内部での位置変化は，事実上殆ど問題とならぬであろう。」（98 頁）と言っている点を考える

と，安部も，事実上自立した運送資本等の下で生産された有用効果の個人的消費（例えば，観光バスの利用等）を問題にしていることがわかる。だが，商品の自己運輸を同一主体の下での有用効果の自己生産かつ自己消費と捉える有用効果生産説的分析視角からすれば，「人間労働力の生産場所」すなわち家庭内部での位置変化も個人的消費のための「位置変化なる利用効果」の同一主体の下での自己生産かつ自己消費だと捉えざるをえなくなる。とすれば，人々は散歩をすることによって「位置変化なる有用効果」を生産し，それを個人的に消費することになる。そして，そこにおいて価値が生産されそれが個人的に消費される，ということになる。人間の生活過程は総じて価値形成過程であり同時にその価値の個人的消費過程であることになるのである。何というナンセンス。

　紡績という生産過程および散歩という個人的生活過程を有用効果の生産と消費の同時的進行だと捉えるのは，確かに，有用効果生産説的分析視角の恣意的な拡大適用である。われわれの場合には，「構成的契機として商品流通が介在している」かどうか，生産主体と消費主体が経済的に異なっているかどうか，という有用効果生産説的分析視角の恣意的な拡大適用を許さないための歯止めがある。だが，商品の自己運輸を同一主体の下での有用効果の自己生産かつ自己消費だと捉える有用効果生産説の場合にはそうではない。その場合には，紡績および散歩を同一主体の下での有用効果の自己生産かつ自己消費であると捉えてはならない理由は，何らないからである。問題は特殊安部説の問題なのではない。加藤，馬場を含め，運輸費用論・保管費用論を，場所移動という有用効果，使用価値維持という有用効果，を生産する自立した「運輸」資本・「保管」資本を想定し，そこでの立論の「移入」・「適用」として分析しようとする諸論者は，その論理から言って，紡績および散歩を同一主体の下での有用効果の自己生産かつ自己消費と捉えてならない理由はなんらないからである。

　[3] 自立した運送資本の下での「場所移動という有用効果」の生産と異なる経済主体の下でのその有用効果の消費という場合には成り立つ・有用効果生産説的分析視角を商品の自己運輸の場合にも「移入」する，という有用効果生産説の誤謬は，実は，次のマルクスの叙述の一知半解に基づいている。マルクスは売買費用との関連において，「商人資本の機能によって幻想が生ずる。だが……，つぎのこと——すなわち，絶対的に不生産的であるが再生産の必要契

機たる一機能が分業によって多数者の附随的職務から少数者の排他的職務，彼らの特殊的業務に転化されても，機能そのものの性格は変化しないということだけは，最初から明らかである。」(K. II, S. 133) と言っている（同，S. 134-137，をも参照）。ここで，マルクスは，確かに，売買過程が商業資本の下で自立した姿を取ったとしても「機能そのものの性格」は何ら変わりえない，と言っている。有用効果生産説を唱える諸論者は，その点に依拠して，商品運輸が自立化し運送資本の下でなされようとその性格は変わらないとし，性格が変わらない限り自立した運送資本の下での運送過程において成り立つ有用効果の生産と消費との区分は商品の自己運輸の場合にも成立しうる，と言っているのである。

　だが，そのような，運送資本と商業資本とのアナロジーは成立しない。産業資本の売買過程の商業資本の下でのそれへの自立化とは，産業資本の商業資本への商品販売であり，流通過程の商業資本への移譲である。そして，商業資本は，その移譲された流通過程を自ら遂行せねばならないが故に，商業資本の下での流通過程とは自己商品の販売過程である。それ故，その性格は，産業資本による商品の自己販売の場合と変わらない。それに対し，商品運輸の運送資本の下でのそれへの自立化とは，けっして産業資本の運送資本への商品販売ではない。それは，商品運輸の移譲ではなく委託である。平たく言えば，運送対象をなす商品に対する所有権には何の変更もないのである。それ故，自立した運送資本の下での運送過程はけっして自己商品の運送ではなく，産業資本の下での自己商品の運輸とその性格を異にしている。

　運送資本は「場所移動という有用効果」を生産するが，商業資本は「販売という有用効果」を生産する訳ではない，という区別は，この，前者の場合には運輸過程の委託が後者の場合には流通過程の移譲（売買過程の移譲とそれに附随する運輸過程・保管過程等の移譲）がなされているという区別に基づいている。それ故，同じく流通過程の独立の資本の下への自立化と言っても，（運送資本等の）産業資本の下への自立化と商業資本の下への自立化とは明確に区別されねばならない。売買過程に関し，運送資本・倉庫業資本の下への運輸・保管過程の自立化と対応するものは，売買過程の商業資本の下への自立化ではなく，売買業務の内の外化可能部分，すなわち，宣伝ポスター・CMフィルムの製作等の，広告資本等の産業資本の下への自立化なのである。総じて，「分業

すなわち一機能の自立化によっては，その機能は，即自的に——つまりすでにその自立化以前に——生産物および価値を形成するのでなければ，そうしたものとはならない。」(K. II, S. 136) というマルクスの規定，自立化してもその性格は変わらないという規定を，われわれは，どのような文脈で述べられているのかという点への反省なく是とすべきではない。その規定が一般的妥当性を持つとすれば，われわれは，家庭でのパン製造も価値形成的である，なぜなら，それが価値形成的でないならばパン製造が製パン資本の下での商品パンの生産へと自立化しでも価値形成的とはならないからである，等のナンセンスを主張せざるをえなくなるだろう[11]。

> 11) 多くの論者が，ケア等生活の一部をなす活動が自立化し，いわゆるサービス資本のもとでなされるようになったとしても，「その性格は変わらない」，価値形成的となる訳ではないと言う。だが，この主張は，かつては生活の一部として家庭でなされていたパン製造が，製パン資本のもとでなされるようになったとしても，「その性格は変わらない」，価値形成的となる訳ではない，というのと同断の誤りと言わざるをえない。(個人的)消費過程におけるケア，パン製造が自立化し，資本のもとでの生産過程としてなされているとすれば，価値形成等の経済(学)的諸規定は変わらざるをえないのである。

［4］自立化してもその性格は変わらないというマルクスの規定自体はある意味では正しい。だが，それは有用効果生産説の諸論者が言っている意味においてそうなのではない。以下，その点について述べよう。

商品の「過剰」保管[12]を例として述べよう。マルクスの上述の規定は次の意味では正しい。①自立した倉庫業資本の下での「保管過程」（より正確には使用価値維持活動）は，商品保管を委託した資本（たとえば紡績資本）にとっては，依然として自己商品綿糸の保管過程である。②そして，また，その保管が過剰保管である場合には，産業資本が自ら保管しようとその保管を倉庫業資本に委託しようと，保管対象をなす綿糸の価値は何ら変わらない，等々。だが，このことは，倉庫業者の下での労働は，流通労働としての保管労働ではなく産業労働・生産労働であり，そこでは，「使用価値維持という有用効果」が生産され価値が形成されるということを何ら否定するものではない。ただ，その有用効果が過剰保管のために消費される場合には，その有用効果の価値は綿糸に移転せず，その結果，綿糸の価値は増大しない，ということを意味するにすぎない。

商品綿糸の過剰保管を紡績資本が自から行なう場合には、そのための保管手段の価値は商品に移転せずそのための保管労働も商品に価値を追加することはない。それに対し、商品の過剰保管を倉庫業資本に委託した場合には、紡績資本は過剰保管のために「使用価値維持という有用効果」を消費することになるが故に、倉庫業資本の生産した「有用効果」・「の価値」は消費を通じて商品綿糸に移転することはない。それ故、商品綿糸の価値はどちらの場合にも保管によって増大することはない。「両者の相違と同質性に注意されたい。」(拙稿『経評』論文144頁)

12) 青才［1990］『利潤論の展開』第三章第四節Dで述べたように、保管費用の内、どれだけが価値形成的(生産価格構成的)かどうかは、一期作を想定した場合の米の産業部門的基準在庫期間は、6カ月＋α、である等の事情によって規定された保管、流通過程の不確定性故に個々の資本においてではなく産業部門全体で決まる「社会的必要在荷量」の保管であるか、それを上回る「過剰な」在荷の保管であるかによって決まる。本文で述べている「過剰」保管の「過剰」の意味も、個々の資本における適正在庫以上という意味での「過剰」ではなく、産業部門的な「社会的必要在荷量」以上という意味での「過剰」である。

［5］これまで述べたことは、商品保管の諸規定は、それが自己保管であろうと委託保管であろうと、常に、その保管対象をなす商品の所有者(上述の例では紡績資本)の側から与えられねばならないということを意味している。そしてまた、そのことは、同時に、有用効果生産説の場合とは逆に、保管費用の諸規定は商品の自己保管を抽象の基礎として与えられねばならない、ということを意味している。その理由は次の点にある。

①ショーウインドーに商品を並べていること自体、商品を雨露から守っていることを、それ故ある意味では保管がなされていることを意味する。それ故、ブローカー的な商業資本等を除けば、商品保管の一部は必ず自己保管としてなされねばならず、その全部が自立した資本によって担われるという想定は不可能事の想定である。それに対し、商品保管を必ず自立した資本に委託しなければならない訳ではないから、実際にはありえないとしても商品保管は全て自己保管の形でなされるという想定は理論上可能である。『資本論』第2巻において、実際にはありえないとしても、産業資本が流通過程を全面的に担い商業資本による流通の媒介はない、という事態が想定されているのと同様の事情がそ

こにはある。単に，論理レベル分けの点において，課題の相違という点において，総じて，理論展開上の必要性に即して，そのように想定すべきだ，と言っているのではない。そのような想定が許される理論上の根拠を述べているのである。

②さらに，内容的に言っても，商品の自己保管こそが商品保管に関する諸規定抽象の基礎である。自己保管の場合には，保管費用は倉庫等の保管用流通諸資材と保管のための労働力の価値とからなり，その費用の価値形成・非形成の区別はその保管の物質的再生産における位置によって与えられる。委託保管の場合には，保管費用は「保管という有用効果」という保管用流通資材の価値であり，その費用の価値形成・非形成の区別[13]は，「保管という有用効果」の消費という形でなされる保管の物質的再生産における位置によって与えられる。つまり，自己保管における諸規定は，委託保管をたまたま可変的保管費用がゼロである場合の特殊例として自己に包摂しうるのである。倉庫業資本による使用価値維持過程が保管委託者にとっては自己商品の保管過程である限り，委託保管とはいわば「保管という有用効果」の消費という形での「自己保管」なのだから，そうならざるをえないのである。

> [13] 移転された不変資本の価値は，再生産された可変資本の価値および生産された剰余価値とともに商品の価値を形成する。すなわち，価値形成という概念は価値移転と価値生産とを含む概念である。それ故，マルクスが商品論において「具体的有用的労働，使用価値に対して「生産する[produzieren]」を，「抽象的人間的労働」「価値」に対しては「形成する[bilden]」をそれぞれ対応させている。」(有江大介[1980] 35頁)としても，そのことは何ら「価値を生産する」という言い回しが誤りであることを意味する訳ではない。

[6] 総括しよう。有用効果の生産と消費との区別等の経済学的区別は「構成的契機としての商品流通の介在」等何よりもまず商品流通との関わりにおいて与えられねばならない。また。運輸費用とはその運輸対象をなす商品の所有者が投ずる費用である等，経済学的諸規定は経済当事者との関わりにおいて与えられねばならない。

具体的に言おう。自己運輸の場合にはトラック等の運輸手段と運輸のための労働力の価値とが運輸費用であるのは，資本が，それらを他の経済主体から自

己商品の運輸のために購入するからである[14]。そして，その資本は，運送資本のように「場所移動」自体を切り離して商品として売るのではなく「運輸された商品」を他の経済主体に販売するが故に，その資本にとっては運輸過程の物質的成果とは「位置変換した商品」であり経済的成果とは運輸を通じてその商品に追加された価値である。総じて，自己運輸の場合には，資本は「場所移動」自体に対し購入対象をなす商品としてもまた販売対象をなす商品としても関わりを持たないが故に，「場所移動という有用効果」またはその価値は費用としても成果としても何ら問題とはなりえないのである。

14) 勿論，「費用」を構成する資材は必ず買われたものでなければならないという訳ではない。例えば，小麦生産者は，種子を買った訳ではなくともそれを生産費用構成要素として取り扱う。だが，そのことが可能なのは，小麦生産者が一方では小麦を商品として販売しているが故に自ら生産した種子に商品性を擬制しうるからである。そこには，実際には商品流通が介在しないにもかかわらず，「構成的契機として」商品流通が介在しているからである。それに対し，商品の自己保管の場合には，資本は自己保管と委託保管との損得を比較し「保管という有用効果」の価値（委託保管の場合の保管料）を考慮する等の事情はあるとしても，有用効果の自己生産かつ自己消費という擬制はあくまでも擬制のままに留まる。

（狭義の）経済学とは，そもそも人間の商品経済内での意識・行動を，つまり，経済当事者の立ち居振る舞いを概念にまで持ち来たす行為である。諸規定が学的でありうるのは，それが対象に即した規定である場合のみである。そして，経済学の対象は「もの」ではなく特殊歴史的な人間関係なのだから，経済当事者が事実上行なっている規定・抽象・区別を概念にまで持ち来たす場合にのみ，それは経済学的である[15]。

15)「資本制的生産の分析を課題とする経済学においては，商品流通を構成的な環として編成された資本が分析の対象であって，社会的物質代謝総体を丸ごと問題にするわけではない。それ故，軍事品・奢侈品等が物質的再生産という全体的立場からすれば，「不生産的」な使用価値だとしても，その性絡──軍事品は国家の賃労働者たる兵士と合体されたとしてもその価値は移転されない，奢侈品は，それが，奢侈品と規定される限り，人間生活一般の再生産と区別された意味での労働力の再生産に資するものではなく，その価値は労働力の価値を機成するものではない，等の性格──は，それが国家または資本家によって購

入され，実際に軍事的・奢侈的に消費される過程において，はじめて問題となるのであって，特殊階級的な諸財貨も，国家・家庭等においてではなく自立した資本の下で生産される限り，当該資本にとっては，紡績資本にとって綿糸がそうであるのと同様に，単なる商品にすぎない。とすれば，それは，経済学的にも商品であって，そのための労働は価値を生産することになる。特殊歴史的・階級的な使用価値の生産も，「使用価値の生産」としては歴史貫通的実体なのだから。」(前掲『経評』論文，144-145頁)。

経済学的規定は常に経済当事者との関わりにおいて与えられるしかない。自立した運送資本家にとっての商品とは「場所移動という有用効果」である。それ故，彼／彼女にとっては，運送過程とは有用効果（一般的に言って商品）の本来的・直接的生産過程なのである。紡績資本家にとっての商品とは綿糸である。それ故，彼／彼女にとっては，綿糸の運輸過程（自己運輸・委託運輸の区別を問わない）とは，綿糸生産という固有の意味での生産過程（使用価値の生産過程）に「追加的」に必要な過程であるが故に商品の「追加的生産過程」なのである。それ故，綿糸の委託運輸の場合には，有用効果生産説と追加的生産過程説とが同時に妥当するのである。だがしかし，以下の点に注意する必要がある。その両説の同時成立は，自己運輸ではなく委託運輸の場合に限って成立するのであり，また，同じ「綿糸の場所移動」に対し，受託した運送業者の生産過程には有用効果生産説が妥当し，委託した紡績資本の運輸過程には追加的生産過程説が妥当するのである。

補論A 労働過程と生産過程——有用効果概念を睨みつつ——

筆者は，『経評』論文［1977］で，「本源的意味での生産的労働，生産物の立場からの，それゆえ，労働過程（正確には生産過程）の立場からのそれ」（128頁，本書24頁）と述べたように，労働過程と生産過程とを区別している。そして，それは，宇野弘蔵［1950］の，労働過程と生産過程，という問題提起に学んだものである。以下，有用効果概念との関連も考慮しつつ，労働過程と生産過程，について論じておこう。なお，以下の論述は，単にマルクスの解釈，および，その直接の延長上に成立するものではないことを断っておきたい。

［1］マルクスは，『資本論』第1巻第5章で最初に生産的労働という用語を

登場させる際，次のように述べている。前パラグラフで「労働過程」について触れた後，「もしひとが，全過程［全労働過程］をその結果たる生産物の立場から考察するならば，労働手段と労働対象とはともに生産手段として現象し，労働そのものは，生産的労働として現象する。」(K. I, S. 196) と。ここには生産過程という用語は登場しない。だが，生産的労働・生産手段が問題となる「過程」，「その結果」が「生産物」である「過程」とは，生産過程であるしかないであろう。大谷禎之介 [2001] も「労働過程をその結果として生産物をもたらす過程として見るとき，それは同時に生産過程である。」(12頁) と言っている。

　さて，「生産物の立場から考察」された過程＝生産過程とは，いかなるものとして捉えられるべきであろうか。本書第1章第2節Aの(a)「生産的労働の本源的規定」で強調したように，「生産過程(生産的労働)……(と)は，経済学的意味での生産物すなわち商品を生産する過程(労働)の底にある歴史貫通的実体として，基礎規定を与えるべきであ」る(参照，本書27頁。ただし，若干の作為的な誤引あり)。とすると，個々の生産過程とは，資本主義社会では個別資本(企業)を単位とするような商品の生産過程，歴史貫通的実体という点に即意し抽象化すると，一経営における生産物の生産過程，一生産単位ということになる。そして，社会的分業として編成される個々の生産過程の連関の総体が，社会的生産過程(社会的物質代謝)ということになる。このことは，生産手段等の概念も素材的規定ではなく，社会的規定であるということを意味している。織布生産過程においては，綿糸は生産手段であるが，紡績・織布一貫生産過程においては，綿花等が生産手段であり，綿糸は生産手段ではなく半製品であるしかないのである。その意味では，後でも述べるように，前パラグラフで引用したマルクスの叙述の，生産過程においては「労働手段と労働対象とはともに生産手段として現象」する (K. I, S. 196) という規定は，単純にそのまま正しいという訳ではない，ということを意味している。

　[**2**] 前項では，生産過程とは，商品生産という形態において最も明確である「生産物の立場から(の)考察」であるということを述べた。では，労働過程とは，いかなる「立場」からの考察であるのだろうか。労働過程においては労働する主体である労働者の合目的的な活動が問題になることからもわかるように，労働過程は労働者の「立場からの考察」である。まず，この考察する立場

の相違から，以下のことが生ずる。①生産物（教育という有用効果等，非物的生産物も含む）がない場合にも，労働がなされている限り，労働過程である。商業労働，本来のサービス（サーバントの労働）がなされる過程等は，生産過程ではないが労働過程である。②また，このことはマルクスが第2巻そのもので指摘しているが，ぶどう酒の発酵過程等，労働過程ではないが生産過程である物質代謝過程は存在する。

　さて問題は，労働者の立場からの考察という場合に，その労働者とは，いかなるレベルにおけるそれであるか，という点にある。レベルとしては，ⓐ個々の労働者，ⓑ「協業 Kooperation」する労働者群（単位としては，個々の生産過程とほぼ対応），ⓒ社会的に「協働 Zusammenwirkung」する労働者総体が考えられるが，そのいずれと考えるべきなのだろうか。マルクスは，『資本論』第5章第2節「労働過程」では，「われわれは，労働者を他の労働者たちとの関係において叙述する必要はなかった。」(K. I, S. 198)といい，上記のⓐ・ⓑ・ⓒのいずれにも妥当するかのような叙述を与えている。また確かに，生産過程は，一生産単位，一経営単位であることを明確にした上での考察であるのに対し，労働過程は，ⓐ・ⓑ・ⓒを未分化なまま含んだ労働者の立場からの労働の分析であるということもできる。だが，厳密なる規定としては，ⓐの個々の労働者の立場からの考察と考えざるをえないのではないだろうか。合目的的な活動である労働の「目的」という点を考えてみよう。一応は，ⓒの社会的に協働する労働者たちの目的は，社会の再生産のために必要なものの生産にあるとか，ⓑの紡績・織布一貫生産企業の下での労働者たちの目的は，綿布の生産であるとか，ということもできる。だが，マルクスがミツバチの「本能的な」行動との対比において，「労働過程の終わりには，そのはじめに労働者の表象のなかにすでに現存していた，したがって観念的にすでに現存していた結果が出てくる。」(K. I, S. 193)と人間労働の特性を述べた点を考えるとき，綿花を紡績機を用いて綿糸に加工している労働者の「表象のなかに」，ⓒレベルの，綿糸→綿布→綿パン，が，「現存していた」と言えるかどうか，疑問である。また，その労働者の「表象のなかにすでに現存していた」労働の「結果」は，ⓑレベルの生産物（綿布）ではなく，綿糸でしかないのではないだろうか。労働手段・労働対象という点に即して考えるとこの点はよりはっきりする。ⓒレベルの，社会的

に協働する労働者たちにとっての労働手段とは何か，不分明と言わざるをえない。紡績機が労働手段だという労働者に対して，別の労働者は，それは私が生産した生産物です，と言うだろう。また，ⓑレベルの，紡績・織布一貫生産企業の下での労働手段・労働対象の規定も不分明である。紡績機の修理をしている労働者にとって，労働対象は紡績機であり，労働手段は修理用の工具であって，紡績機，織布機は，労働手段ではない。総じて，労働過程の諸規定は，共同主観性・共同主体性という意味において，ⓑレベル・ⓒレベルにまで拡張しうるということはあるにしても，基礎規定は，ⓐの個々の労働者に即して与えられるしかないのではなかろうか。

　労働とは，ある目的を立て，その手段として行う活動である。このことは，労働を，さらには，労働手段・労働対象を，考察目的が異なれば異なる，目的・手段連関の内において捉えるべきだということを意味している。場所移動という有用効果を生産し販売するJR等の「運送」資本において，労働対象は何か，それは空間である等のことが問題とされた。その労働対象は，運送業の分析等が問題されている時には，ⓑレベルにまで拡張されたⓐレベルにおいて，旅客である・貨物である等と言ってよい。そして，具体的に実際の労働過程の特性を問題にする場合には，ⓐレベルに即し，切符販売員，改札対応者，車掌等を含め，労働は接客労働であり，労働対象は顧客・旅客である，と言ってよいだろう。

　［3］これまで述べてきたことは，有用効果の概念規定に関わる問題である。筆者は，有用効果という用語を，行論上，非物的商品という意味において用いてきた。だが，筆者は，本書第1章注2）でも述べたように，また本第2章注4）でも述べたように，①有用効果は，場所移動という有用効果等の非物的商品だけではなく，物的使用対象，物的商品をも含む，②そしてまた，有用効果は，商品，生産物のみならず，半製品・部分生産物をも含む概念である，と考えている。

　『諸結果』等断片を除き，『資本論』第1部第1草稿は残存していないので，有用効果概念の誕生はいつか，どういう文脈においてか，ということは不明だが，「初出」は『資本論』第1巻初版においてである。そして，そこでは，マルクスは，「労働はつねに有用効果に関連して考察される。」(K. I, S. 56) と言って

いる。すなわち，有用効果とは，労働過程論的概念であり，いわば，有用労働の「目的」・「結果」（効果）なのである。とすると，上記②のこと，マルクスは何故に半製品・部分生産物をも有用効果と規定したのかということの理由がわかってくる。例えば，マルクスは，『資本論』第12章「分業とマニュファクチュア」第2節「部分労働者とその道具」で，作業場内分業がなされている場合の「部分労働」の成果，それ故，売買の対象とはなりえない部分生産物・半製品をも有用効果と呼んでいる (K. 1. S. 359)。前項 [2] で述べた，労働過程の諸規定はⓐレベルの個々の労働者の立場からの考察に即して与えられるしかない，という点を考えると，そうならざるをえないのである。ある商品の「生産過程」が，x・y・z 工程等，複数の「労働過程」に分かれている場合，有用効果は，各工程における「有用」労働の「効果」として，多数現れざるをえないのである。

第3章　マルクスのサービス概念

　筆者は，1977年に，従来混同されてきた「本来のサービス」と「いわゆるサービス（労働）」との「峻別」に主眼をおいた論文「価値形成労働について」(『経評』論文）を公表した（本書第1章所収）。だが，『経評』論文では，①枚数制約のため，マルクスからの引用およびその解釈，諸論者の見解の批判・それとの関連における自説の提示等が不充分であった。②また，『経評』論文に対しては，筆者の知るかぎりにおいてだが，その後（本章の元稿の青才［2006］公表時点で）40篇に及ぶ引用・参照・批判を受けたが，それに対する反論・その言及を踏まえての論考はものしていなかった。本書，第3章・第4章・第5章では，①②の責務（債務）清算の意図も込め，「サービスを巡る諸問題」につき詳説する。

第1節　マルクスのサービス概念をめぐって

　渡辺雅男は，［1978.12］[1]で，「マルクスのサービス概念が常識以上の意味をもっていることは，刀田，青才両氏によって指摘されている（刀田……［1977.5］400頁……，青才……［1977.9］134頁……）」と述べた（『渡辺』62-63頁）。だが，「マルクスのサービス概念が常識以上の意味をもっていること……（を）指摘」した論文は，その時点（1977年）においてもう一つあった。それは，他ならぬ渡辺自身の論文［1977.6］である。渡辺の位置づけに従うならば，1977年に，「マルクスのサービス概念」の再検討を促す論文——発表時期が接近していることからも，また，その内容から言ってもわかるように，おのおの独立に構想・執筆された論文——が3本同時に発表された訳である。そして，それ以後，「マルクスのサービス概念」をめぐる諸論文が輩出することになる。

　1）渡辺［1978.12］は，その後，渡辺『サービス労働論』［1985］（以下，『渡辺』と略記）に再録。また，以下，単に渡辺という場合には，渡辺多恵子のことではなく，渡辺雅男のことを意味する。

以下，1977年以後，マルクスのサービス概念に関し発表された諸論文を紹介しておこう。[なお，取り上げる論文の選択もそうだが，以下述べる，当該論文の内容の指摘，参照指示との関連での継承・批判関係の指摘は，あくまでも筆者（青才）の立場からのそれである]

◆刀田［1977. 5］「労働の対象化，物質化，凝固とサービス労働」

　マルクスのサービス概念の批判的検討。「役立ちとしてのサービス」概念の摘出，金子ハルオ[2]の，本来のサービスといわゆるサービス，への言及はない。

>　2）金子は，いわゆる通説の代表者として位置づけられている。それ故に，本稿での「通説」批判に際しては，主として，金子説がその批判の対象とされることになる。金子説に関しては，［1966］『生産的労働と国民所得』（以下，『生産的労働』と略記），［1998］『サービス論研究』（以下，『サービス』と略記），金子［2003］が参照されるべきである。

◆渡辺［1977. 6］「雇用労働の諸形態」

　収入と交換される労働＝サービス。人的サービス persönlicher Dienst と現物サービス Naturaldienst[3]。「役立ちとしてのサービス」概念の指摘[4]。金子の「本来のサービス」は勿論，金子への言及一切なし。

>　3）マルクスの人的サービス（persönlicher Dienst）と現物サービス（Naturaldienst）をめぐる問題について一言述べておこう。この問題は，『経評』論文で，「本来のサーヴィス＝不生産的労働は，労働の経済的形態規定であり，その労働およびその成果の素材的規定性とは関係ない（Th. I, S. 129-131 [MEGA. S. 447]参照）」（130-131頁，本書19頁），「サーヴィス概念はその成果の素材的内容とは関係ない，という点に関しては，すでに井田喜久治（「サービスについて」立教大『経済学研究』1967年5月），松村一隆（「生産的労働とサービス」愛知大『法経論集（経済篇）』1969年）等の指摘がある。」（134頁，本書19頁）と述べたように，けっして，1977年以後，新たに問題になったことではない。だが，マルクスの現物サービス（Naturaldienst）概念は，サービス＝非物的商品，サービス労働＝物的生産物をもたらすことのない人間を対象とした労働，等，サービス概念を素材的・感性的に捉えていた人々にとっては，驚きであった訳である。そして，非物的労働＝サービス労働，と規定していた諸論者は，このマルクスの「現物サービス」を自己のサービス概念にどう包括するか，包括すべきかどうか，という点をめぐって，論争を繰り広げることになる。

>　4）渡辺［1977. 6］における「役立ちとしてのサービス」概念の指摘（『渡辺』43頁）

はあくまでも，マルクスの引用という形の指摘であって，その意味内容等については何ら言及してはおらず，当該渡辺論文において構成的なものではない。だが，その指摘は，この当時からすでに，それ故に，上述の刀田［1977.5］と独立に，「サービスとは，商品のであれ労働のであれ，ある使用価値の有用的な働き以外のなにものでもない。」(K. I, S. 207) とマルクスが定義していたことを知っていたことを示すものである。この点は，渡辺［1980］で全面展開されることになる。

◆青才［1977.9］「価値形成労働について」(『経評』論文)
　本来のサービスといわゆるサービス（労働）との区別。金子の「ほんらいのサービス」と「いわゆるサービス」との区別という論点を顕揚・評価。労働の売買という概念は成立しない。本来のサービスにおいては，労働ではなく労働力が売買される。現物サービスの指摘。

◆田中英夫［1978.2］「生産的労働とサービスについて」
　サービス＝不生産的労働。サービスにおいては，労働力が売られる。青才［1977.9］への言及はない。金子への言及はあるが，金子の「ほんらいのサービス」概念への言及はない。

◆金子［1978.11］「サービスの概念と基本性格」(金子『サービス』序論第1章に所収)
　青才［1977.9］への言及。渡辺［1977.6］への言及なし。本来のサービスといわゆるサービスとの区別を初めて強調［この強調ということの含意については，次第4章補論Eで詳論］。

◆渡辺［1978.12］「労働のサービスと非物質的労働」
　刀田［1977.5］，青才［1977.9］への言及。「役立ちとしてのサービス」（渡辺の後の表現では，「サービスそれ自体」）概念の再度の提示（『渡辺』67頁）。論文表題にも表現されていることだが，サービス労働＝非物質的労働，等としている金子等「通説」批判。「非対象的生産物」の存在を認め，非物質的労働の価値形成の問題と非物的労働の価値形成の問題とは，別個に問題にされるべきと指摘［この論点に関しては，本書第5章で述べる］。

◆刀田［1979.8・10］「サービス商品の価値と商品体——赤堀邦雄教授の諸説に関連して——」(1)(2)[5]。
　青才［1977.9］に言及しつつ，不生産的労働においては，労働ではなく労働

力が売られると指摘。

  5）刀田は，後に，上掲した刀田［1977］［1979］を含めそれまでに公表した諸論文を加筆・削除修正，再編の上，［1993.10］『サービス論争批判』にまとめた。だが，そこにおいては，刀田説は，［1977］［1979］等とは大きく変化・転回し，金子が，『サービス』本論第5章「「サービス論争批判」の批判」で述べた批判の多くが妥当するものとなっている。それ故に，筆者にとって，また，マルクスのサービス概念の解明にとって意義のあるのは，上掲した2論文（刀田［1977］［1979］）のみなので，以下，刀田は多くの論考をものしているが，それらは，取り上げないことにする。

◆渡辺［1980.9］「サービス概念の再検討」
 マルクスのサービス概念についての全面的な「再検討」。
◆大吹勝男［1980.12］「サービスおよびサービス労働概念について」
 刀田［1977.5］・青才［1977.9］・金子［1978.11］・渡辺［1978.12］に言及。「収入と労働との交換」という本来は「本来のサービス」（形態規定である不生産的労働）に関するものであった規定を，サービス業では「労働」が売買されるという説に則り，自営のいわゆるサービス業，いわゆるサービス資本に，拡大適用。
◆馬場雅昭［1981.12，1982.4］「サーヴィス労働およびサーヴィスについて」(1)(2)
 金子・青才の，本来のサービスといわゆるサービス（労働）との区別に言及。筆者（青才）の表現では，「役立ちとしてのサービス」・「不生産的労働としてのサービス」・非物質的労働等「素材的規定としてのサービス」というサービス概念の三区分を明確に提示［以後，この三つのサービスという形での，マルクスのサービス概念の再検討のスタイルが確定することになる］。
◆馬場［1982.11］「資本制生産におけるサービス生産の三形態」
 筆者（青才）の表現では，「不生産的労働」・「自営のいわゆるサービス業」・「いわゆるサービス資本」によるサービス提供の三形態，の詳論。以前より，サービス提供の三形態を，家庭教師・私塾の教師・学校資本のもとでの教育労働者のそれ等の形で表示することはあったが（参照，『経評』論文132-133頁，本書22-23頁），馬場は，表題名からもわかるように「詳論」。以後，サービス提供を，馬場が提示した形で，比較・検討するというスタイルが確定。

◆渡辺多恵子［1982. 11］「賃労働とサービス労働，物質的商品と非物質的商品——論争点の発展のために——」(石倉・渡辺等『経済労働研究 第一集』に所収)
　青才［1977. 9］等に言及[6]。

6) 渡辺多恵子は，青才［1977. 9］を「1972年に私が提起した問題が，きわめて歯切れよく書かれている論文」(80頁)と位置づけている (93頁も参照)。この渡辺多恵子の「1972年に……提起した問題」について述べておこう (参照，25-60頁)。マルクスのサービス概念という点については未だ不正確な叙述となっているとは言え，以下述べるように，拙稿『経評』論文 (青才［1977. 9］) で「提起した問題」は——不十分とはいえ——そこでほぼ出ている。(1)「サービス労働」という用語は，不生産的労働である「所得と交換される労働」に限定されている。(2)そして，その「サービス労働」を，金子の「ほ・ん・ら・い・のサービス」という用語の使用を意識することのないまま (参照，97-98頁)，「本来的サービス」と呼んでいる (48頁)。(3)その際，不生産的労働者は，——マルクスが多くの箇所で「労働」と言っているが故に踏み切れなかったのだろう——「労働 (力)」を売ると言っている (47頁，1972. 9. 25初出)。等々。
　　この1972年当時の渡辺多恵子説は，『日本のこえ』の「紙上討論」において「提起」されたものである。筆者は，『経評』論文を，発表媒体の特殊性の故に，貴重なこの渡辺多恵子説を知ることなく書いた。当該説を知っていたら，当然，それを踏まえた論述をしていたはずであり，としたら，『経評』論文はより理解が容易なものになっていたはずであるので，その点，筆者の不勉強を，渡辺多恵子氏，および，前稿『経評』論文の読者にお詫びしたい。

◆石倉一郎［1982. 11］「討論の回顧と最近の展望」(上掲『経済労働研究 第一集』に所収)。
　青才［1977. 9］等に言及[7]。「いわゆる「サービス」労働 (正しくは非物質的生産労働)」(上掲書，はしがき) という表現をしている。石倉は，ここで自説を表現するのにより的確な用語法を採用したと言ってよい。それはまた，マルクスの用語法との整合性を確保するものであった。

7) 「不生産的労働と自営のい・わ・ゆ・るサービス業との区別」に関連しての青才［1977. 9］への石倉の言及については，本書第4章第4節で述べる。

◆金子［1984. 5］「生産的労働と不生産的労働」(富塚良三編『資本論体系7 地代・収入』所収のサーベイ論文，後に金子『サービス』序論第2章に所収)

「ほんらいのサービス」概念の重視，「いわゆるサービス」概念を「通俗的」として消極化[8]。

> 8）この点について，および，それ以後，金子が，「ほんらいのサービス」を「形態規定としてのサービス」へ，「いわゆるサービス」を「一般的規定としてのサービス」へと，サービス概念を転回 Umschlag したことについては，本書第4章補論E「金子におけるサービス概念の転回」で詳論する。[以下，金子におけるサービス規定の用語の変化を，サービス概念の「転回」等と呼ぶ。]

◆渡辺雅男[1984.5]「サービス労働論の諸問題」（上掲『資本論体系7 地代・収入』所収のサーベイ論文）[9]

本来のサービス概念を強調。

> 9）渡辺は，上記論文（『渡辺』123-124頁）において，「サービス労働[筆者（青才）のいうところの，いわゆるサービス労働]とその生産物とは区別できるのか。」という点をめぐる論争を紹介した後，「問題は赤堀も刀田も，……「本来のサービス」と「いわゆるサービス」との区別と関連にたいして無関心でいることである。これにたいし，青才だけは，「本来のサービス」から「いわゆるサービス」への転化を「消費者からの自立の完成」にもとめている。」と言っている。まず，「青才だけは」，二つのサービス概念の「区別と関連」を問題にしているという指摘に関しては，筆者の問題意識を捉えているものとして感謝したい。だが，「青才……は，「本来のサービス」から「いわゆるサービス」への転化を「消費者からの自立の完成」にもとめている。」という部分に関しては，――多くの諸論者の見解をサーベイするという論文の性格からして，より正確な・また・より詳細な要約を求めることは無理とはいえ――不正確な・説の要約になっている。筆者が，（『経評』論文 132-133頁，本書23頁参照）で述べたことは以下のことであった。「消費者からの自立」という経済形態にある私塾の教師・学校資本のもとでの教育労働者の労働等は，「サービス」ではない。だが，物象化によって成立する物神性によって，「本来経済的には，また形態規定としては全く異なる性格を有する労働も，その労働および成果の素材的感性的同一性のゆえに同一視され，本来は家庭教師の労働への呼称であったサービス概念が，価値を形成する他の労働に対しても拡大適用されることとなる。本来は価値を形成することのない不生産的労働の呼称であったサービス概念が，[価値を形成する]有用効果の小生産[にも転用されるという転倒]，さらには，[不生産的労働の対立概念である]生産的労働にも<u>転用されるという[全き]転倒</u>が生ずる。」[本章の元稿（青才[2006]）の際に付した，強調[下線]部分，に注意されたい]。筆者は，「消費者からの自立の完成」によって，「本来のサービ

ス」から「いわゆるサービス」への「転化」が生ずるとしたのではなく，「拡大適用」「転用されるという転倒」が生ずることを問題にしたのである。細かなことに見えるかも知れないが，渡辺の表記のままでは，当該部分だけを読んだ人が，『経評』論文を全く逆の意味に誤解することを懸念し，述べておく。

◆大吹 ［1984. 6］「人間の運輸とサービス業」

　その後，上記で参照指示した諸論考が，著書としてまとめられることになった。
◆大吹 ［1985. 4］『流通費用とサービスの理論』
　　大吹 ［1980］・［1984］等を再録。
◆渡辺 ［1985. 4］『サービス労働論』(本書での略記では，『渡辺』)
　　渡辺 ［1977］・［1978］・［1980］・［1984］等を再録。
◆馬場 ［1989. 4］『サービス経済論』
　　馬場 ［1981. 12，1982. 4］・［1982. 11］等を再録。

　それ以後，マルクスのサービス概念を究めたものとしては，但馬末雄の諸論考が挙げられるべきであろう。そのなかで，サービス概念についてもっとも詳細に論じたのは，但馬［2000. 7］『商業資本論の展開（増補改訂版）』(特に，その第 7 章)［以下，但馬『増補』等と略記する］においてである。［なお，本章の元稿執筆［2006］以後，但馬は「マルクスのサービス概念論」(Ⅰ)(Ⅱ)(Ⅲ)(Ⅳ)(2006. 3，2009. 9，2010. 11，2014. 3) を公表している。］

第 2 節　三つのサービス概念

　マルクスのサービス概念をめぐる諸論者の見解の検討（第 4 章）に入る前に，その前提として，これまでの論争史上，マルクスのサービス概念として問題にされてきた「三つのサービス概念」につき整理しておこう。
　以下述べる，三つのサービス概念の・区分の仕方は——その内容ではなく区分そのものは——，前節で述べたように，馬場［1981. 12，1982. 4］によってそのスタイルが与えられたものであり，金子等も，以下の三区分を踏襲している

(例えば,『サービス』本論第 1 章, 44-48 頁, 初出 [1985. 7] を参照)。

　α 「役立ちとしてのサービス」(=「通義」としてのサービス) [以下, サービス α と呼ぶ]

　このサービス概念は, 刀田が問題提起し, 渡辺が顕揚したサービス概念である。

　このサービス概念の意味は広く, 労働のサービスのみならず, マルクスの「サービスとは, 商品にせよ労働にせよ, ある使用価値の有用的な作用にほかならない。」(K. 1, S. 207) という規定にも現れているように, 商品のサービス, さらには, 機械のサービス, 自然力のサービス等をも含むものである(『渡辺』91-92 頁参照)。それ以上である。剰余価値を生産するという生産的賃労働者の資本家に対する「サービス」の意味でも使われる。

　上記の用例からしてわかるように, このサービス α は, 極めて広い意味を持っており, 金子 (例えば,『サービス』44 頁) が言うように, 経済学的意味におけるサービスというよりも, service・Dienst の直訳, すなわち, 「役立ち」という訳が相応しいものである。このサービス α を, 筆者は, 以下述べるサービス β (=不生産的労働としてのサービス) を含め, サービスという用語が用いられるとき, そのすべてを「通」じて妥当する語「義」をなしているが故に, その性格を顕すべく, 「通義」としてのサービス, と呼びたい。

　β 「不生産的労働としてのサービス」(=「本来のサービス」) [以下, サービス β と呼ぶ]

　この「不生産的労働としてのサービス」は, 論者によって, 様々に呼ばれている。金子……サービス概念の転回以前では「ほんらいのサービス」, 以後は「形態規定としてのサービス」。筆者 (青才) ……「本来のサービス」。渡辺……「サービス (としての) 労働」, [1984] (『渡辺』第六章) 以後では, 渡辺自身による規定の場合も含め, 「本来のサービス」とも言っている。馬場……「狭い意味でのサーヴィス」([1989] 10 頁)。但馬……「いわゆるサーヴィス」[ただし, この表現は後には撤回]。等々。筆者が, サービス α・β 等の表記法をとるのは, 単に, 略記としてそうするというだけではなく, サービス α の場合にもそうだったのだが, 諸論者によって, 表現が様々に異なるという点にある。

　このサービス β は, (形態規定である) 不生産的労働[10]のことなので, それは, 人的サービスと現物サービスを含む等素材的規定とはかかわりがないもの

であること，生活過程（個人的消費過程）における労働であること，それ故に価値を形成する労働ではないこと，これらのことは，斉藤重雄等[11]一部の論者を除き，共通の確認事項と言いうる。残された問題は，①このサービスβにおいては，労働が売られているのか労働力が売られているのか，という点，および，②後に述べるサービスγとの関連において，このサービスβを，マルクスのサービス概念において勝義のもの・本質的な規定，マルクス「本来の」規定と考えるかどうか，という点にある。

10) 「本源的規定としての不生産的労働」という規定はマルクスにはなく，それ故に，それに対置されたものである「形態規定としての不生産的労働」という規定もない。そしてまた，「本源的規定としての不生産的労働」という規定もそうであるが，「形態規定としての不生産的労働」という規定そのものが，概念として成立するものかどうか疑問なので，以下，単に，不生産的労働と表現する。

11) 斉藤の見解については，斉藤[2005]を参照。

γ 「素材的規定としてのサービス」[以下，サービスγと呼ぶ]

非物的労働，非物質的労働[12]，労働対象が人間そのものである労働等の，素材的規定としてのサービスまたはサービス労働。金子が，かつては「いわゆるサービス」と呼び，サービス概念転回後は，「一般的規定としてのサービス」と呼んでいるもの。

12) 物的[対象的]という規定と物質的という規定とを，常に明確に区別している人は，筆者および渡辺等少なく[この点に関しては，本書第5章を参照]，それ故，非物質的労働等と本人は言っていても，その内実は，物に対象化することのない労働等，非物的労働である場合が多い。その点を考慮し，これまでもそうだったが，以下では，時には非物（質）的労働という用語を用いることにする。

問題は，このサービスγは，基本的に言ってマルクスのものではない，という点にある。筆者，渡辺，但馬（『増補』307頁）は，この立場に立っている。また，[1982]における渡辺多恵子もそうである。繰り返しになるが，筆者が，教育労働等の非物的商品を生産する労働を「サービス労働」とは言わず，強調符つきの「いわゆる」を付し，「いわゆるサービス労働」と呼んでいるのもそれ

故である。

　だが，財（有形財）とサービス（無形財）等，世上においては，サービスという場合，このサービスγのことだとされ，また，金子は，このサービスγを，マルクスのサービス概念，それも，「サービスの一般的規定」であるとしている。この点，すなわち，「経済的形態規定を，この形態規定または範疇の素材的担い手それ自身の持つ属性と見做す，資本制的生産様式に特有な，その本質から生ずる物神崇拝的見解。」(Re. 218頁[MEGA. S. 114-115])を批判したマルクスが，他ならぬそのマルクスが，自己と矛盾し，素材的規定に即して，非物的労働，または，その成果をサービスと規定していたとする見解・解釈・「誤解」が生まれたのは次のような理由からであった，と思われる（(1)〜(3)）。

　(1) マルクスは，サービスβを，「収入と交換される労働」と規定している。サーバントは，労働力を主人（消費者）の「収入と交換」するにも拘わらず，多くの箇所において，不正確にも「労働」を「交換」すると表現している[13]。その結果，素材的・感性的にしか事態を捉えられない論者，例えば，非物的商品である「教育（という有用効果）」の売買は，教育労働という労働それ自体の売買であると捉える論者は，教育を受けるということも，収入と（教育労働という）労働との交換である等，サービスβについてマルクスが述べている箇所をサービスγのことだと誤って捉えた。例えば，筆者が，サービスβ（不生産的労働）に関して述べたものだ，と解釈している，「サービスとは，一般に，ただ物象Sacheとしてではなく活動として有用であるかぎりでの労働の特殊な使用価値の表現でしかない。」(Re. 219頁[MEGA. S. 115])というマルクスの叙述を，金子は，サービスγのことだと解釈している（例えば，『サービス』44頁）[14]。総じて，サービスγのことだと解釈されたマルクスの叙述の多くは，実は，サービスβのことだったのである。

　　13) この「収入と労働との交換」という不正確な表現（マルクスの表現）については，第4章補論C「「資本(・収入)と労働との交換」なるもの」で詳説する。
　　14) この点については，次第4章第3節「サービス＝「労働の特殊な使用価値」の規定」で詳論する。

　(2) サービスα（「役立ちとしてのサービス」）が，サービスγのことだと読まれた（誤読された），ということ。商品分析の抽象の基礎は物的商品である

が故に，マルクスが商品というとき，その多くは物的商品のことを意味している場合が多い［例えば，マルクスは，場所移動という有用効果について，「生産過程の生産物が新たな生産物でなく商品でないような……」(K. II, S. 60) と言っている］。そして，その物的商品という意味での「商品」以外のという意味においてサービス α（役立ちとしてのサービス）が登場するとき，そのサービス α は，物的商品以外なのだから，非物的商品のサービス――非物（質）的商品，という概念を認めない，金子・大吹等においては，そこで売られているのは労働なので，「労働のサービス」――と捉えられることになる。「役立ちとしてのサービス」は，「通義」的であり，通用性・汎用性があり過ぎる規定である。それ故に，販売対象が，物的商品ではない「役立ち」（サービス）だと表現された場合，サービス α（＝物的商品の「役立ち」＋非物的商品または労働の「役立ち」）－物的商品の「役立ち」＝非物的商品または労働の「役立ち」，となるが故に，（物的）商品以外の・「役立ち」（サービス α）は，非物的商品（いわゆるサービス商品），非物的労働（いわゆるサービス労働）等と捉えられることになったのである。すなわち，この点については，第 4 章第 3 節で詳論するが，「サービスとは，一般に，ただ物象 Sache としてではなく活動として有用であるかぎりでの労働の特殊な使用価値の表現でしかない。」(Re. 219 頁 [MEGA. S. 115]) という文章におけるサービス概念は，「サービス α」であり，「活動として有用であるかぎりでの労働の特殊な使用価値」とは，「サービス β」に関しての規定なのであるが，狭く，文・言葉しか見ない人々によってその点が誤解され，「サービス γ」のことだとされたのである。経済的形態規定と素材的・感性的規定との混同を排し，素材それ自身が経済的・社会的規定性をその属性として具有するかのように現象する物神性を批判したマルクスの「思い」を考えるとき，あまりにも「通義」的であるが故に，誤り・誤解を引き寄せることになった，マルクスのサービス α（役立ちとしてのサービス）概念をわれわれは使わないに如くはない，ということもできるだろう。

（3）もともと――本来的には――マルクス自身の概念枠組の内には，このサービス γ はないのだが，当時次第に，サービス γ 的な意味でのサービス，という用語法が，フランス経由で広がりつつあった，ということ（参照，本章補論 B「サービスの語源，歴史的な用法の変化」）。それ故に，他の論者の見解を引

用・批判するとき等，そのサービスγ的な含意を有するサービス概念を，マルクスも使っている[15][16]。その箇所に関する印象が強く，サービスγをマルクス自身のサービス概念と誤解した人もいることだろう。

15) 上記(2)で述べた「運輸業」の規定に関連し，マルクスは，チュプロフから引用し，「新たな生産物をつくるのではなく，ただ人間や物を移動するだけの運輸業では，この二つの行為[生産と消費]はいっしょに行なわれる。そのDienst[サービス，役立ち](場所を変えること)は，生産される瞬間に消費されねばならない。」(K. II, S. 60) と言っている。マルクスがどう受け止めたかは別として，「Dienst (の) 生産」という言い回しが可能となっている点から言って，ここでの，Dienst (またはservice) は，(2)で述べた，サービスγと誤解されたサービスαの域を越え，(3)で述べたような意味でのサービスγとなっているように思える。

16) 渡辺は，[『渡辺』終章(書き下ろし，故に，初出1985. 4) 241頁]で，「J・P・セー等の俗流サービス論を論破していたマルクスの考えのなかには，今日の[金子・大吹等の]いわゆる「サービス労働」論の通俗的な前提であるサービス労働の規定——つまり，サービス労働とは物を生まない労働のことであるという規定——は，かけらも存在しない。」と言っている。「マルクスの考えのなかには」という箇所に意を止めれば，渡辺の叙述は誤りという訳ではないが，マルクスの叙述そのもののなかには，「通俗的な……サービス労働の規定」の「かけら」は「存在」する。

補論B　サービスの語源，歴史的な用法の変化

本章第2節末の「当時次第に，サービスγ的な意味でのサービス，という用語法が，フランス経由で広がりつつあった」という記述に関連し，サービス (service) の語源，その語義の歴史的変遷について，若干のことを語っておこう。[以下の，serve, service, についての記述は，基本的に，*The Oxford English Dictionary*, second Edition, 1989 に負っている。以下，Oxford, と略記する。]

A　serveについて

serviceはserveの名詞形であり，serviceの語源，その意味の歴史的変化等も，serveのそれを基礎としている。それ故に，まずは，serveという語について問

題にしよう。[以下，レジュメ風に書く]
(1) 語源的系譜としては，中世英語の serve ← ラテン語の servire (to be a servant, or slave, serve という意味) ← servus (slave, servant)，である。「役立つ」(サービスα) という動詞形が，もともとの語源ではなく，servus (slave, servant) というサービスβ的な主体 (奴——奴隷という特殊歴史的な存在ではなく，奴隷，召使，一般的に言って，目下・下部(僕)であるもの，すなわち，ヘーゲルの主と奴の弁証法における奴——) の「主」に対する行為・関係ということが，serve の語源をなしている，という点に注意されたい。
(2) その serve は，例えば，以下の意味を持つ。
 1. オールド英語にある (神に仕える) という意味。
 [キリスト教において司祭(神父)・牧師(羊飼い)は，主たる神に仕える servant である。]
 2. 奉公する (召使・奴隷として仕える)
 3. 役に立つ，間に合う (サービスα。この用法は，仕える人が行なうこと，というサービスβ的な原義から生まれたものである。)。[この用法は，1200年以前よりあるようである。]
 4. 給仕をする (給仕は，召使 servant がするものである)。(この用法は，1275年以前からあるようである)。[この「給仕」という語義は，「仕」える人による主人への供「給」という意味において，単に，食事の給仕だけではなく，その他の service の提供→service を供給等，より拡散した意味を持つに至ったようである。そして，そのことが，非物的なもの，無形財としての service という語義成立にとって大きな意味をもったようである。]
 5. 1442年には，召喚状などを送付するという法律用語として登場している。
ここまでで確認されるべきことは，動詞としての serve それ自体には，無形財としての service 等 (サービスγ) の意味はない，ということである。そのことを確認し，以下，その service の意味の変遷を問題にしよう。

B service の意味の変遷

service が serve の名詞形として成立したとして，その service の意味内容の歴史的変化につき問題にしよう。

a. 17c 以前

1. 神への奉仕，2. 召使の仕事，3. ミサ，礼拝，4. 奉公，5. 給仕，サービス，6. 役立つこと，利益（1582 年には登場），7. 兵役（1590 年には登場），8. テニスで serve をすること（1611 年には登場），等々。

マルクス以前において，上記の全てが登場している。だが，service（無形財）というサービス γ 的な用法は，17c 以前にはない，という点に注意されたい。

b. [Oxford による] サービス γ 的な用法の登場・通用

・財とサービス等の，「経済学」用語としての，無形財という意味での service（サービス γ 的な意味でのそれ）の登場は，1939 年が最初，とのことである。

・1941 年に，service 産業，という形で，形容詞的なサービス γ 的用法が登場。

無形財としてのサービス，等の規定は，動詞形の serve ではなく，名詞形の service から出てきたものであろうと思われる。動詞形の serve には，役立つ等（サービス α）の意味はあるが，それ自体として，無形等（サービス γ）の意味は持たないからである。そしておそらくは，前第 2 節で述べたように，service（サービス α の名詞形）－有形財の service＝無形財の「役立ち」としての service→無形財，という形で，発生したものと思われる。とした場合，Oxford では，この（無形財としての service）概念の登場は 20 c だとしているが，物的商品ではない商品の service を無形財的に――サービス γ 的に――イメージした事例は，それ以前，マルクスの時代でもすでにあったと思われる。事実，前第 2 節末の注 15) で述べたように，マルクスは，1875 年出版のチュプロフの『鉄道経済』からの引用（参照，K. II, S. 60）で，Dienst（service）という用語をサービス γ 的な意味で使用しているからである。

C　ドイツ語の dienen・Dienst について

a. 動詞形の dienen の原義は，Knecht sein（「奴」であること等，サービス β 的意味でのそれ）である。英語の serve, と同様の原義・意味を持つ，と言いうるだろう。

b. Dienst は dienen の名詞形として成立したものである。だが，ドイツ語の Dienst は，英語の service とは異なり無形財という意味（サービス γ 的な意味）をそれ自体としては持っていない。勿論，service＝Dienst，として直訳された場合には，そうでない可能性もあるが……[1]。

> 1) マルクスがよく使っている Dienstleistung は，そのドイツ語の語源的香りからすると，サービス遂行・サービスをすること，というニュアンスをもった用語である。だが，通常の日本語訳では，「サービス提供」と訳されている。その場合，サービス（サービス γ 的な意味でのそれ）を「提供」[→「供給」]という語感が生じてしまう。とはいえ，本稿では，一般的な訳語に従い，「サービス提供」[「サービス」を提供・供給，ではなく]という言い回しを用いることにする。

第4章　労働売買説批判

　いわゆるサービス労働の価値形成をめぐる論争においては，〈サービス＝労働〉説と〈サービス＝生産物〉説との対立があった。これまでの展開を踏まえると，「労働のサービス（サービスα）」という意味においても，「不生産的労働としてのサービス」（サービスβ）という意味においても，サービス＝労働[1]であり，また，非物的商品＝サービス（商品），という規定は，マルクスにはない。マルクスは労働の成果・生産物をサービスと呼ぶことはないのだから，もし問題がマルクスのサービス概念をめぐる論争であるのならば，〈サービス＝生産物〉という規定は，誤りと言わざるをえない。だが，その，キャッチフレーズ的な，サービスは労働なのか生産物なのか，という対立において，文章表現上ではなく，理論内容上争われていたものは，実は，学校資本等のいわゆるサービス業において売られているものは，労働なのか，「サービス商品」と誤って表現された非物的商品・生産物なのか，という点にあった。すなわち，通説＝〈サービス＝労働〉説は，労働が売買されているとし，非通説（いわゆるサービス労働価値生産説）の多くの人は，いわゆる「サービス」労働は「生産物」を生産しており，いわゆる「サービス」業ではそれを売買しているのだ，と言っていたのである。それ故，以下，本章では，労働の売買という概念は成立するのか，という点について，他の論者の検討・批判も含め，述べることにする。

　1）但馬は，サービス＝労働，であり，それは，結果，効果，成果を意味するものではないということを，指摘・強調している（『増補』290頁等参照）。

第1節　サービス提供の三形態

　筆者は，第1章でも述べたように，労働の売買という事態は存在しない，マルクスが労働の売買と言っている場合，その内実は，労働力の売買であるか，誤って労働そのものと捉えられた非物的商品の売買であるか，そのいずれかで

ある，と考えている。まず，その点を踏まえて，「サービス提供の三形態」の区別を与え，労働売買説批判のための伏線を張っておこう。

サービス提供は，以下の三形態に区分される[2]。

> 2）この三形態についてもっとも詳細に論じたのは，前第3章でも述べたように，馬場［1982.11］「資本制生産におけるサービス生産の三形態」(馬場［1989］第3章に所収)である。だが，馬場の区分の内容そのものは，表題の「サービス生産」という表現にも現れているように，必ずしもマルクスのサービス概念に沿ったものとはなっていない。

a 本来のサービス，不生産的労働としてのサービス。例えば，家庭教師の労働。

家庭教師は，消費者である児童（または，児童の保護者）に，労働力を売る。家庭教師の労働は，主人の生活過程内部での労働であり生産ではないので，固有な意味での生産物を作ることはなく，そしてまた，それ故に，価値を形成することもない。

b 自営のいわゆるサービス提供者。例えば，私塾の教師。

教育設備等の生産手段を有する私塾の教師は，教育という非物的商品を生産しそれを販売する。それ故に，その労働は価値形成的である。なお，私塾の教師は，物的商品の小生産者がそうであるのと同じく，生産的労働者でも不生産的労働者でもない。

c 資本制的ないわゆるサービス産業。例えば学校資本。

産業資本である学校資本は，教育労働者の労働力を購入し，その労働力を消費することによって，教育という非物的商品を生産しそれを販売する。そして，そこでなされる労働は，価値を形成し，通常の場合には，剰余価値も生産する。それ故に，資本の下での教育労働者は，マルクスが『資本論』第1巻第14章で述べているように，資本のために剰余価値を生産する生産的労働者である。

以上の **a**・**b**・**c** のいずれにおいても，「労働」を売っている訳ではない，という点に注意されたい。

［以下，上記の「サービス提供の三形態」を，それぞれ，サービス提供 **a**・**b**・**c** と呼ぶ。また，煩雑になるので，前後の文脈からわかる場合には，単に，**a**，**b**，**c**，とのみ記す場合もある。］

［注意。**a**（家庭教師）は，本来の「サービス提供」を行なっており，**b**（私塾の教師）・**c**（学校資本の下での労働者）は，非物的（この場合には，かつ，非物質的）労働等，「いわゆるサービス提供」を行なっている。行論上の便宜の故に，「サービス提供の三形態」，サービス提供 **a**，サービス提供 **b**，等の言い回しをする場合もあるが，**b**・**c** は本来サービスと呼ばれるべきものではないので，本当は，**b**・**c** の前に「いわゆる」という修飾語が付されるべきである，という点に注意されたい。］

第2節　不生産的労働者は，労働力を売っているのか，労働を売っているのか

［１］筆者は，これまで繰り返し述べてきたように，サービス β（サービス提供 **a**）（不生産的労働）[3] において，不生産的労働者は，「労働力」を売っていると考えている。

> 3）不生産的労働者が行なう「サービス提供」（サービス β）は，実際には，人的サービスと現物サービスとを含んでいる。しかし，いわゆるサービス提供 **b**・**c** との対比・比較が容易なように，以下，サービス提供 **a** という場合には，教育，理髪等，主として人的サービスを問題にすることにする。

刀田[4]，但馬もそうである。

> 4）刀田は，本文で「［マルクスの叙述において］「労働を買う」などと述べられているとしても，その意味するものは文字通り「労働を買う」ことではない。その意味するものはサービス提供者の労働能力を買うということであり，労働能力が交換されるということである。」と述べた後に注記し，「管見の限りだがこの点については青才高志氏が早い時期に指摘し」と述べ，『経評』論文130頁（本書21頁）の参照を指示している（刀田 [1993] 36頁。初出稿 [1979. 8] 234頁も参照）。

渡辺多恵子，馬場は，微妙である。両者ともに，労働を売る訳ではないということは当然の前提としつつも，労働力という概念を資本によって購入されるそれに限るべきだという発想があるからなのだろうか，不生産的労働者は労働力を売る，と表現することはない。渡辺多恵子の場合：造語の「サービス労働

（力）」（[1982] 81 頁）という用語を使用。馬場の場合：不生産的労働者は「カッコ付きの「賃金労働者」」（[1989] 12 頁），不生産的労働者が売るものは，カッコ付きの「労働力」(10 頁)——この「労働力」につけられたカッコが引用符・強調という意味ではないことに関しては，当該部分初出稿 [1982.4] 106 頁，で，「カッコ付きの「労働力」」と言っていることからもわかる——。

　非常に早く，不生産的労働においては，「労働力」が売買されるということを指摘したのは，茂木六郎 [1958] である。だが，氏は，一度は，マルクス（K. III, S. 395，それ故，後述するようにエンゲルス加筆部分）からの引用に依って，「労働力」の売買ということを言いながら（136 頁），直後では，マルクスの叙述に依りながら「労働力の使用目的がすでに指示されている——純粋に個人的目的と——のであるからには，即ち活動としての労働の内容規定にまで立ち入っているからには，むしろ購買されるものが労働であるということは，……当然みとめられてよい。」（136-137 頁）とし，結局，不生産的労働においては，「労働（力）」（例えば，138 頁）等が売買されるとしている。

　渡辺雅男。氏は，資本制以前的な「サービス関係」を問題にしているということから生じたことなのだろうか，「労働力」ではなく「労働」が売買されるとしている（『渡辺』44 頁参照）。だが，資本制社会成立後においても，不生産的労働は存在するのであって，その場合に売買されているものは，「労働」なのか・「労働力」なのかということが問われねばならない。氏は，「サービス（としての）労働」を「雇用労働」と捉えているが故に，そこでは，「労働力」が売買されているとすべきである。

　さて，金子はどうであろうか。氏は，労働力売買説である。だが，その点に関しては，不生産的労働において売買されているのは労働力ではなく労働だ，と主張している大吹説を検討した後に，述べよう。

　[2] 大吹は，サービスを「活動状態での労働の有用性」（[1985] 298 頁）と規定し，（サービス提供 **a**・**b**・**c** のすべてにおいて，労働（「活動状態のままの労働」(299 頁)）が，「収入としての貨幣と交換される」，という。不生産的労働者も，自営のいわゆるサービス業者も，いわゆるサービス資本家も，同じもの（「活動状態のままの労働」「生きた労働」(310 頁)）を売っているとする見解自体，不生産的労働者とは異なり，後二者は労働手段等を所有しているという点

を考慮に入れると，極めて疑問である。だが，その点の検討は，後で（本章第5節で）行なうとして，ここでは，不生産的労働者も「労働力」ではなく「労働」を売っている，と述べている点に絞って大吹説を問題にしよう。なお，大吹は明確にこの点を言っているが故にこそ，ここで代表としてテーマ的に取り上げているのであって，ここでの指摘・批判は，同様の見解を述べている諸論者全体に妥当するものである。

　大吹は，「個人に雇われるサービス「労働者」も雇人である主人に収入との交換で労働力商品を売ると主張する」「井田……青才……等」（319頁注9））の説の存在を意識してか，大吹［1985］304-305頁注3）で，初出論文［1984］にはなかった文を追加し，「物的手段をもたない」「料理女，女中，召使等の家事使用人」も，主人に，労働力商品ではなく「労働」を売る，と言っている。

　まずは，上述した箇所で大吹も問題にしているが，収入（としての貨幣）と労働との交換，という規定は，資本（としての貨幣）と労働との交換，という規定と対（つい）のものである，という点に注意が向けられねばならない。大吹も，「資本と労働との交換」という場合に「交換」されるものは，労働力商品であることを認めている（例えば，297頁，304頁，309頁）。とした場合，両者が「対」の規定・対比的規定であるならば，「収入と労働との交換」という場合にも，実際に「交換」されるのは労働力商品だと考えるべきではないだろうか。勿論，大吹も，そのような批判があることは充分承知で，「しかし，資本ではなく，収入と交換される消費部面での次元において何故労働力商品でなければならないのか。」（304頁）と言い，続けて，「料理女の労働を買う」等（Gr. S. 183 [MEGA. S. 196], Th. I, S. 135-136 [MEGA. S. 451-452]）のマルクスの叙述を引用している。だが，それまでの論争において，マルクスの「労働を買う」等の叙述は，その内実において，労働力を買う，という意味だと考えるべきだということは繰り返し主張されたことなのであって，マルクスが「労働を買う」と言っている箇所があるというだけでは，批判に対する反論にはなりえていない。もし，そのような，マルクスはどこそこでこう言っている等の引用で不生産的労働者は「労働」を売っている，ということが論証されるとしたら，同様に，資本制的賃労働者も，マルクスは「資本と労働との交換」等，どこそこでこう言っているという引用によって，労働力ではなく労働を売っている，ということになっ

てしまうだろう[5]。

> 5) 勿論，責任の一端は，マルクスが，労働力の売買というべき箇所で繰り返し，「資本と労働との交換」・「収入と労働との交換」と言っている点にある。この点，すなわち，市場で，労働ではなく労働力が売買されることを熟知していたはずのマルクスが，「労働との交換」という表現を多用した理由については，本章補論C「「資本（・収入）と労働との交換」なるもの」で述べる。

とはいえ，なお，大吹等通説支持者の多くの人は自説を譲らないことであろう。前述したことは，従来の論争において当然の前提であったのであり，大吹は，それを知りつつ，なおかつ，不生産的労働者は労働力ではなく労働を売るのだ，と言っているからである。問題は，マルクスは多くの場合，不正確にも不生産的労働者は「労働」を売る，と言っているのだが，ちゃんと正確に「労働力」を売る，といっている箇所はないのか，という点にある。

筆者は，第1章（元稿の『経評』論文）において，マルクス（等）が明確に，「労働力」を売る等といっている箇所を挙げておいた。ここでは，それを引用し，詳論しよう。

(1)「1861-63年草稿」，Heft II, MEGA. S. 1210。「サービスの場合にも，私はたしかにサービス提供者の労働能力を消費するが，しかしそれは，この労働能力の使用価値が労働である，というかぎりにおいてではなく，彼の労働がある特定の使用価値を持っている，というかぎりにおいてである。」

(2) Th. I, S. 130 [MEGA. S. 4460]。「生産的労働者の労働能力は，彼自身にとっての一つの商品である。不生産的労働者のそれ［労働能力］もそうである。」

(3) Th. I, S. 141 [MEGA. S. 457]（ただし，(イ)(ロ)は筆者（青才）の挿入）。「(イ) しかし，商品という概念は，労働がその生産物に物体化され，物質化され，実現されている，ということを含んでいる。労働そのものは，その直接的定在すなわちその生きた存在においては，直接に商品として捉えることはできない。(ロ)（直接に商品として捉えうるのは（訳者））労働能力だけであり，その一時的発現が労働そのものなのである。本来の賃労働がこういう仕方で初めて説明されうるということは，「不生産的労働」……についても同様である。」［当該部分は後でも，金子批判に関連して問題とする。］

大吹は，[1985] 315 頁において，(イ) 部分は引用している。何故に，その直後の文を問題にしないのか，疑問といわざるをえない。

(4) K. III, S. 395 [参照，MEGA. S. 452-453]。(マルクス草稿との違い等を [……] 内に付す。)「価値を創造する能力 Vermögen として，労働力 sie [マルクス草稿では，es，故に労働能力 Arbeitsvermögen] は買われる。生産的に [この，「生産的に」は，エンゲルスの追加挿入] 働かせるためではなしに[6)]それ sie [マルクス草稿では，es 労働能力] を買うこともできる。例えば，純粋に個人的な目的，召使として使うなどということのために買うこともできる [この「例えば」以下の一文すべて，エンゲルスの追加挿入。]」

> 6) 現行版の邦訳では，労働力 sie を労働 arbeiten させる，という日本語は成立しないので，「働かせる」と訳されている。マルクス草稿では es を arbeiten させる，となっている。この es は，Arbeitsvermögen のことだとも思われるが，「価値を創造する能力 Vermögen」という意味での「能力」を働かせるためでなく……，という意味である可能性もある。とはいえ，どちらに解釈しようと，いま問題にしていることに関しては，差異はない。

筆者は，本書 18 頁でも述べたように，[1977]『経評』論文 130 頁では，まだ『資本論』第 3 部主要草稿（MEGA. II/4.2）を読むことができなかったが故に，当然マルクスがそう叙述しているものと思い込み，不生産的労働者も労働力を売ると，「マルクスは明確に……言っている。」と述べた。だが，当該部分後半はエンゲルスの加筆部分であった。しかしながら，ここでも，マルクスが「働かせるためではなしに，それ [労働能力] を買うこともできる」と言っていることだけは確かである。

(5) その他にも，不生産的労働者は，労働力を売っている，とマルクスが言っている箇所は存在する。だが，これ以上の引用は不要であろう。「資本と労働との交換」と「対」「対比」において登場する，「収入と労働との交換」という規定における労働が，労働力のことであることは前述したように蓋然性が高い解釈であり，当該部分に関し，マルクスが「労働力」「労働能力」という用語を使用している場合があることが言えれば，すでに，不生産的労働において，収入と交換されるのは「労働力」であるという解釈はその確定性・明証性を得ることになるからである。

総じて，以下のとおりとなる。マルクスは，不生産的労働者が売るものに関し，①ある時は労働だと言い，ある時は労働力だと言っている，②そして，ある箇所では，労働ではなく労働力だ，と言っている，③さらに，大吹とは異なり，労働力ではなく労働だと言っている箇所は皆無である。以上の②③から言って，マルクスの主張，その解釈としては，不生産的労働者は労働ではなく労働力を売っている，ということになるだろう。

第3節　サービス＝「労働の特殊な使用価値」の規定

　前第2節では，マルクスが，「収入と交換される労働」と言っていたとしても，収入と交換されるのは労働力であることを明らかにしてきた。すなわち，「収入と交換される労働」＝サービス，と規定された場合，そのサービスは，収入と交換された労働力の・「使用価値」としての労働，すなわち，サービス提供 **a** の労働，不生産的労働（サービス **β**）を意味するものであった。ところが，金子・大吹は，いわゆるサービス提供 **b**（自営業），いわゆるサービス提供 **c**（いわゆるサービス資本）においても，収入と「労働」が交換されると主張している。そして，両氏ともに，その論拠を，『諸結果』等における，「サービス」＝「労働の特殊な使用価値」，という規定に求め，サービスにおいては，その「労働の特殊な使用価値」（「活動状態における生きた労働」）が売買される，と言っている。例えば，金子は，その「労働の特殊な使用価値」をサービス **γ**（いわゆるサービス（労働））と解し，それが売買されるのだと言っている。金子・大吹の立論の全体は，この，マルクスにおいて本来は，サービス **β**（不生産的労働，本来のサービス）に関しての規定であった「労働の特殊な使用価値」という規定を，いわゆるサービス提供 **b**・**c** を含め，サービス提供全体に対しても妥当する規定だ，と誤り解した点にあるが故に，以下，サービス＝「労働の特殊な使用価値」というマルクスの規定の意味内容について検討しよう。

　[1] 金子は，筆者が，マルクス「本来」のサービスとは，サービス **β**（不生産的労働）のことであるという解釈を引き出した（参照，『経評』論文129-130頁，本書19頁），サービス＝「労働の特殊な使用価値」というマルクスの規定を，サービス **γ**（非物的労働，以前の金子の表現では「いわゆるサービス」，現在の金

子の表現では「一般的規定としてのサービス」）と解している。

　金子は，この，サービス＝「労働の特殊な使用価値」，というマルクスの規定が自説を表現するには適合的な規定と考えたのか，氏が氏の「一般的規定としてのサービス」（サービスγ）を説明するおりには，繰り返し，この叙述を引用している。

　『サービス』本論第 1 章（論文初出 1985 年）44 頁……「サービスとは，一般に，ただ物としてではなく活動として有用である限りでの労働の特殊な使用価値の表現でしかない。」（Re. 219 頁［MEGA. S. 115］。本章における後の表現ではパラ(6)の叙述）。本論第 2 章（初出 1987 年）71 頁。第 3 章（1990 年）82 頁。第 4 章（1992 年）135 頁。第 5 章（1995 年）158 頁。そして，金子［2003］157-158 頁でも，同文の引用。

　この繰り返しての引用からして，このパラ(6)のマルクスの叙述が，金子説にとって枢軸的な意味を持った叙述であることがわかる。だが，このマルクスの規定の解釈に関しては，有力な反論がある。上述したように，筆者は，これを，サービスβに関しての規定だとした。これに応接しないのは，前稿では，マルクスのパラ(6)を引用し検討した訳ではないが故に，まだよしとしよう。刀田は，『学説史』におけるパラ(6)の元稿をなす部分に関してであるが，「サービスには，「物として提供する」場合と，「活動として提供する」場合の両方があ（る）」（［1977］400 頁）と述べ，事実上，このパラ(6)における「サービス」は，サービスα（役立ちとしてのサービス）の謂である，と言っていた。だが，刀田の叙述は短く注において述べたことなので，金子がそれに対し応接しないのもまたよしとしよう。だが，但馬は，この『諸結果』パラ(6)と『学説史』対応パラグラフの詳細な検討を踏まえ，金子による解釈を批判している（［2000］『増補』，狭くとっても 313-317 頁，広くとると 309-337 頁）。金子は，その但馬の批判を当然読んでおり知っているはずであるにも拘わらず，それに何ら触れることなく，従来の自説，サービス＝「労働の特殊な使用価値」，というマルクスの規定は，サービスγのことを言ったものであるという解釈を，繰り返している。少なくとも，但馬による金子批判に対してだけは応接してしかるべきなのではないだろうか。

　［2］以下，サービス＝「労働の特殊な使用価値」というマルクスの規定の

「解釈」を行なうが，その前に，一般的にいって「解釈」，特にマルクスの「解釈」をする場合の注意点を述べておこう。

注意点(1)……文脈・コンテキストのなかで，叙述・規定の意味内容を「解釈」しなければならない。

このコンテキストという問題は，大きなコンテキストという意味では，例えば，当該マルクスの叙述は，『資本論』体系のいかなる位置における叙述であるのか，という点が問題となる[7]。だが，それも当然問題になるとはいえ，ここで問題にしているコンテキストの問題とは，もう少し狭い意味におけるそれである。前後数頁との関連においてパラ(6)の解釈をすべきだ，サービス＝「労働の特殊な使用価値」というマルクスの規定を，パラ(6)の前のパラグラフ，および，パラ(6)内部を含め後の叙述との関連において解釈すべきだ，という意味におけるそれである。

7) 体系的コンテキストという点に関し，一つ，『資本論』第1巻第14章前半の，教育労働は生産的労働である，というマルクスの規定の「解釈」という形で，例示しておこう。(1)『資本論』第1・2巻においては，資本とは，c＋v，すなわち，生産費用部分のみであり，商業労働者を雇用する流通費用等は，「剰余価値からの控除」であり，未だ資本という規定は受け取っていない。すなわち，『資本論』第1巻レベルで，「資本と労働との交換」という場合の資本とは，全て，価値を形成し剰余価値を生産する賃労働との関連における「資本」のことであり，それ故に，「資本と交換される労働」は，全て（マルクスの当該コンテキストでの叙述の100％）において，剰余価値を生産する「生産的労働」である。第14章における，「児童の頭脳を加工する」「学校教師」(K. I, S. 532)は，その意味において，すなわち，剰余価値を生産するという意味において生産的労働者なのである。金子等の，価値非形成それ故に剰余価値を生産することもない，商業労働，(いわゆる)サービス労働も，資本に雇用されてなされる労働であるが故に——「資本と交換される労働」であるが故に——，生産的労働の形態規定を受ける，等の説は，体系的コンテキストを理解していないといわざるをえない。(2)マルクスは，生産的労働と不生産的労働との区別を問題にする際，ことは『資本論』第1巻レベルでの議論であるということに留意し，繰り返し，ここで問題となっている「資本」とは「生産的資本」であり，商業資本はまだ問題にしないと明言している(Th. I, S. 388 [MEGA. S. 2184]。Re. 221頁 [MEGA. S. 117]も参照)。とすると，すなわち，体系的コンテキストにおいて理解すると，第14章の「教育工場」に投下される「資本」(K. I, S. 532)等の資本は，マ

ルクスが以前には「生産的資本」と言っていた産業資本であるしかなく，そこで雇用される労働者は，剰余価値を生産するという意味において生産的労働者であるしかないことになる。［以上述べた点については，より詳細に体系的コンテキストの問題について述べた『経評』論文の「生産的労働論の体系的位置」項（138-139頁［本書31-34頁］）を参照されたい。］

　注意点(2)……マルクスの叙述の「解釈」においては，その当該部分の元稿，被訂正稿がある場合には，それが参考になる。もちろん，「参考」という意味は二重である。以前に述べた説の変化・修正であるので「参考」になる，という意味と，変化ではなく圧縮・整序等であるが故に，当該部分を読んだだけではわかりにくい叙述の真意を「解釈」する際には，元稿の叙述が「参考」になる，という意味とがある。当該パラ(6)（サービス＝「労働の特殊な使用価値」という規定）の解釈においては，特に，後者が問題となる。

　以下，注意点(1)(2)に配視しつつ，パラ(6)の（サービス＝「労働の特殊な使用価値」という規定）を「解釈」しよう。当該箇所は，金子・大吹等通説の諸論者の多くが依拠している箇所なので，「解釈」「検討」が長くなる点は，なにとぞ寛恕されたい。

　［3］サービス＝「労働の特殊な使用価値」という規定がある叙述（パラ(6)）は，『諸結果』「生産的および不生産的労働」（Re. 207-222頁［MEGA. S. 108-117］。以下，生産的労働『諸結果』部分等と呼ぶ）内の一パラグラフである。そして，『諸結果』「生産的および不生産的労働」は，「1861-63年草稿」「資本の生産性。生産的労働と不生産的労働。」（Ms. Heft XXI, 1317-1331, Th. I,「補録」, S. 363-388［MEGA. S. 2159-2184］。以下，生産的労働『学説史』「補録」部分等と呼ぶ[8]）の訂正稿であり，また，それは，『資本論』第1巻第14章「絶対的および相対的剰余価値の生産」前半部分の元稿である。

8) 当該部分は，Werke版では，『剰余価値学説史』第1巻に「補録」として所収されている。だが，実際にマルクスが執筆したのは，「5. 剰余価値に関する諸理論」の大半の執筆を終え，再び，第1部「資本の生産過程」部分の執筆を再開した後のことであった。それ故に，当該部分を『学説史』第1巻「補録」部分と表現するのは，ミス・リーディングとも思えるが，従来の論争との関連においては，『学説史』「補録」部分と表現した方が，どの箇所のことを言っているのかがわかりやすいと思えるので，『学説史』「補録」部分と表現することにする。

ただし，当該部分は，「1861-63年草稿」(『23冊のノート』) 執筆期内部では末期 (Heft XXI) に属する，という点については注意すべきである。なぜならば，『学説史』第4章「生産的および不生産的労働に関する諸学説」部分 (Heft VII-IX) においてはそうではないが，すでに Heft XX において，マルクスは，労働力の価値が「労働の価格」として現象する必然性を解明する「労賃形態論」確立に向けての大きな一歩を踏み出しつつあったからである [この「大きな一歩」に関連したことについては，本章補論 C「「資本 (・収入) と労働との交換」なるもの」を参照]。そして「労賃形態」批判の立脚点は，労働の売買という事態は現象において生ずるのみで現実にはない，という把握にあるからである。[なお，筆者の，プラン問題，および，『資本論』形成史理解については，青才 [1978]「『資本論』とプラン問題——『経済学批判』プランと「競争論」——」，[1991]「プラン問題をめぐる諸見解——佐藤金三郎氏の死を悼んで——」，[2000]「生産価格の編入と〈資本一般〉の転回——大村泉氏の見解の検討を中心として——」を，参照されたい。]

　生産的労働『諸結果』部分は，『資本論』第1部第1稿第6章内の叙述であり，基本的には思考のままの叙述という性格を有する『学説史』「補録」部分を取捨選択・圧縮・再編してなったものである。先回りして述べておくと，パラ(6)は，『学説史』「補録」部分の対応パラグラフの「圧縮」であり，それ故に，パラ(6)の解釈においては，圧縮される前の『学説史』「補録」対応パラグラフ部分で，マルクスはどう述べているのかが，「参考」になる。

　マルクスの，サービス＝「労働の特殊な使用価値」という規定は，「生産的労働と不生産的労働をその素材的内容によって規定しようとする試みは，次の三つの源泉に由来する。」から始まる，生産的労働『諸結果』部分後半 (Re. 218-222頁 [MEGA. S. 114-117]) の，6番目のパラグラフにおいてなされたものである。

　[以下，生産的労働『諸結果』部分後半にパラグラフ番号 (1)〜(17) を付し，パラ(6)等と呼ぶことにする。また，参照等の際には，当該箇所は容易にわかるので，頁数等の指摘はせず，パラ(6)等と記すことにする。]

　以下，パラ(6)がどういうコンテキストの内において述べられているのかを示すために，パラ(1〜17)部分全体の構成を示しておこう。

　パラ(1)で，「生産的労働と不生産的労働をその素材的内容によって規定しようとする試みは，次の三つの源泉に由来する。」と述べ，パラ(1〜17)部分全体の課題を提示している。生産の労働と不生産的労働との区別，その区別を「素

材的内容」によって規定しようとする「試み」に対する批判が，課題とされていることに注意されたい。

　次に，パラ(2)～(4)で，誤りが由来する「三つの源泉」を指摘し，それに続くパラ(5)～(13)等においては，それらの批判点にそって論述している。

　誤りの源泉1。パラ(2)「経済的形態規定を……素材的担い手それ自身のもつ属性と見做す，……物神性的見解」批判。パラ(5)～(10)において詳述・展開。問題となっているパラ(6)は，この，素材的規定を「物神性的見解」と批判する文脈の内において述べられたものである。そこ（パラ(6)）で，マルクスが，サービスとは，非物的，非物質的云々の素材的規定（サービスγ）であると言っている等の解釈は，当該コンテキストを理解していない解釈と言わざるをえない。

　誤りの源泉2。パラ(3)「（……物質的生産物）に結実する労働のみが生産的であるという見解」批判。パラ(11)～(13)において詳述・展開。パラ(11)～(13)部分は，『資本論』第1巻第14章に再現する教育労働は生産的労働である，という叙述の元稿である。パラ(11)～(13)において，「非物質的生産において……商品が生産される。」「この［非物質的］生産物」等と述べている点，および，「学校……教師」「学問工場」に触れている点に注意されたい。

　誤りの源泉3。パラ(4)「現実的再生産過程」（蓄積，拡大再生産）に資するかどうかで，特定の労働が生産的であるかどうかを問題にする「見解」批判。パラ(14)(15)を，この誤りの源泉3の批判と関連した部分と位置づけることができるかどうかは微妙である。パラ(14)は，源泉2批判の部分と読むこともでき，また，パラ(15)は，必ずしも「批判」という内容ではないからである。ただし，パラ(15)では，「蓄積」に触れている。

　以下，パラ(16)(17)においては，それまでの展開を踏まえての，留意点，および，総括が述べられている。パラ(16)……分析対象の限定，ここでは，「生産的資本」［後の産業資本］を問題にしているだけであって，まだ，商業資本は問題にしない，等。パラ(17)……パラ(1～17)，さらには，生産的労働『諸結果』部分全体の総括，「生産的労働の（したがってその反対物としての不生産的労働の）規定は，したがって，資本の生産が剰余価値の生産であり，このような生産によって充用される労働が剰余価値を生産する労働であるという

ことに基づいている」[9]。

9) この生産的労働『諸結果』部分末尾の規定は，形態的意味での生産的労働は，単に剰余価値（利潤）を取得するために必要な労働ではなく，剰余価値を生産する労働であるということを，それ故に，学校資本の下での教育労働者の労働が生産的労働であるとマルクスが言うとき，それは，そこにおいて価値が形成され剰余価値が生産されているということを意味することになる。現行『資本論』第1巻第14章を素直に読んでもその解釈が出てくるのだが，そのことは，第14章前半部分の元稿をなす生産的労働『諸結果』部分においても確証される，と言いうるだろう。

［4］これまでの論述を踏まえ，パラ(6)の「サービス＝「労働の特殊な使用価値」」という叙述の検討に移ろう。

伏線として述べてきたように，『諸結果』パラ(6)の解釈においては，『学説史』「補録」の対応パラグラフ (Th. I, S. 379 [MEGA. S. 2175]) の叙述［以下，パラ(6)「補録」対応パラ，または，(6)対応パラ，と略記する］が参考になるので，まず，元稿であるパラ(6)「補録」対応パラを引用し，次に，『諸結果』パラ(6)を引用することにする。

パラ(6)「補録」対応パラ［(イ)等の対応参照記号は，筆者（青才）の挿入。また，パラ(6)で削除されている部分には下線を引き，(6)対応パラ→パラ(6)，の異同を明示した。なお，これまでもそうだったが，引用文中の［……］は，筆者（青才）の追記である。］

「(イ)貨幣が直接に労働と交換されても，その労働が資本を生産せず，したがって生産的労働ではない場合には，労働はサービス Dienst として買われるのであり，(ロ)このサービス was は一般に，他のどの商品とも同じように，その労働が提供する特殊 besonder な使用価値の表現にほかならない。と言っても，このサービスが労働の特殊な使用価値の特種的［種差的］spezifisch な表現であるのは，労働が諸サービスを物象 Sache としてではなく活動として提供する限りにおいてである。けれども，諸サービスを活動として提供するということは，［労働の］サービス sie を，例えばある機械［のサービス］から，例えば時計［のサービス］から，区別するものではけっしてない。(ハ)［以下，ローマ法の四つの契約，ラテン語］汝がなすために我は与える，汝がなすために我はなす，汝が与えるがために我はなす，汝が与えるがために我は与えるは，

第4章　労働売買説批判　95

ここでは同じ関係の全くどうでもよい諸形態である。これに反して，資本制的生産においては汝がなすために我は与える［賃労働者が労働を「なす」が故に，資本家は賃銀を「与える」］は，与えられた対象的富［貨幣，または，死んだ労働？］と専有される生きた労働との間の特種的 spezifisch な関係を表す。(ニ) したがって，諸サービスの買い入れには労働と資本との特種的関係は何ら含まれていない。全然消え去ったか，全然存在しないかであるのだから，それは勿論，資本と労働との関係を表現するために，セイ，バスティアその他一党が愛好する形態である。」

『諸結果』パラ(6)［(ロ)′等は，(6)対応パラの(ロ)等に対応した箇所である。］

「(ロ)′サービスは一般に，ただ物象 Sache としてではなく活動として有用 nützlich である限りでの労働の特殊 besonder な使用価値の表現でしかない。(ハ)′……「与えられた」・「専有される」の削除を除き，(ハ)と同文。(ニ)′……(ニ)と同文。」

パラ(6)は，元稿をなす(6)対応パラと，単に内容的に対応しているだけではなく，上掲した二つのパラグラフの文を比較するとわかるように，(6)対応パラを圧縮し書き直した――書き写したと言ってもよい――文である。それ故に，パラ(6)の内容理解は，(6)対応パラの解釈によって補われるべきである。

　注意されるべきは以下の点にある（1～4）。

1. 元稿（(6)対応パラ）(イ)の削除部分。(イ)では，生産的労働と不生産的労働との区別が問題になっている。さらに，(ロ)冒頭邦訳の「サービス」には，「この」という指示語がついており，「このサービス was」は，(イ)で述べられた「生産的労働ではない」「サービス」のことを意味している。これらのことは，パラ(6)の(ロ)′の，「労働の特殊な使用価値の表現」である「サービス」は，不生産的労働（サービスβ）との関連において問題にされていることを意味する。

解釈注意点(2)［異文稿との対応］との関連で，サービス＝「労働の特殊な使用価値」，という規定は，不生産的労働に関したものであることを明らかにしてきたが，解釈注意点(1)［コンテクストにおいて読む］からも，同様のことが言える。そもそも，『諸結果』パラ(1～17)部分の全体が，パラ(1)での「生産的労働と不生産的労働を……規定……」，当該パラ(6)の直後のパラ(10)での「生

産的労働と不生産的労働との相違は……」, 末のパラ(17)の「生産的労働の(したがってまたその反対物としての不生産的労働の)規定は……」等の文を見ればわかるように, 生産的労働と不生産的労働との区別を問題にしたものであった。また, このことは, 当該パラ(6)の(ハ)′(ニ)′部分において, 生産的労働とサービスとの対比が問題になっていることから言っても明らかなことであった。それ故に, コンテキストも含めてパラ(6)を読む人にとっては, パラ(6)(ロ)′のサービス=「労働の特殊な使用価値」という規定が, サービスγ(素材的規定としてのサービス)のことではなく, サービスβ(不生産的労働)のことであることは明らかなことであったのである。それにも拘わらず, (ロ)′の「サービス」を, サービスγ(素材的規定としてのサービス)のことだと読んだ諸論者は, 前後のコンテキスト抜きで当該部分を読み, そして, 「労働の特殊な使用価値」という叙述が持つ「語感」(但馬『増補』326頁)に災いされ——正確には, 「労働の特殊な使用価値」という「語」から非物的・非物質的等の素材的規定を「感」じてしまう, 読み取ってしまう, という, 自己の素材的規定執着という限界に災いされ——, 誤読してしまった, ということができるであろう。

2.「補録」(ロ)を見ると, ここで問題にされているサービスは——『諸結果』(ロ)′のサービスもそうであるが——, サービスα(役立ちとしてのサービス)の意味におけるサービスであることがわかる(参照, 刀田[1977]400頁, 但馬『増補』310-311頁)。それは, 物的・物質的等のサービスの素材的規定(サービスγ)ではけっしてなく, 「他のどの商品とも同じ」サービス, 「機械[のサービス]」「時計[のサービス]」も含んだサービスα(役立ち)である。

この点を, 注意点(1)[コンテキスト]からも確かめておこう。マルクスは, 当該(6)対応パラの直前の(草稿では)二つのパラグラフ(Werke版『学説史』では六つのパラグラフ)(Th. I, S. 377-379 [MEGA. S. 2173-2175])——『諸結果』パラ(6)直前のパラ(5)は, この二つのパラグラフを「圧縮」・書き写したものである——で, 不生産的労働者としての「仕立職人」と, 生産的労働者である「資本家的洋服屋 Capitalist tailor に」雇われた「仕立職人」との違いを問題にしている。そこにおけるサービスという語の用法を見てみよう。マルクスは, 当該2パラグラフの冒頭「私がズボンを買うか, それとも, 私が布地を買って仕立職人を家に呼んで, この布地をズボンに仕立てる彼のサービス Dienst (すな

わち彼の裁縫労働）に対し支払うかは……」（パラ(5)も同文）という部分では，そうでもないが——狭い意味でのサービス（サービスβ）の意味だとも取れるが——，「私にとって，その［不生産的労働者としての仕立職人の］労働は，単に使用価値として，布地をズボンに変えるサービスとして，この労働の一定の有用的性格が私に提供するサービスとして関心を引くにすぎない。」（直接に対応する叙述はパラ(5)にはない）という叙述以後，サービスを広い意味で，すなわち，サービスα（「役立ち」としてのサービス）の意味において用い，それ以後，「資本家のために行なうサービス」「1 ターレルを 2 ターレルにする」サービス（パラ(5)に対応文章あり）等を問題としている。そして，その後の「補録」(6)対応パラでは，そのサービスの用法を踏襲し——または，その用法に引きづられ——，サービスという語をサービスα（役立ち）の意味において用いているのである。

3. これまで，上記 1. においては，サービス＝「労働の特殊な使用価値」というマルクスの規定におけるサービスは，サービスβ（不生産的労働）のことであると言い，上記 2. においては，そのサービスは——少なくとも，「補録」(6)対応パラ(ロ)におけるサービスは——，サービスα（役立ち）という意味であると言った。少なくとも，そのサービスが，サービスγ（非物的労働等の素材的規定としてのサービス）のことではない，ということはすでに明らかなことであるが，当該部分におけるサービスαとサービスβとの関連について述べておこう。サービスαは「通義」としてのサービス，サービスという言葉の語義そのものであり，それは，サービスβにも「通」ずる語「義」である。それ故に，サービスαを「物象として……有用である」「他の商品」，「機械」，「時計」のサービスではなく，「活動として有用である限りの労働」のサービス（役立ち）に絞るならば，それは，サービスβのことを意味することになる。すなわち，サービス＝「労働の特殊な使用価値」，という規定は，不生産的労働の役立ち（サービスα）であり，それ故に，サービスβ＝不生産的労働＝本来のサービス，のことを意味することになるのである。(6)対応パラ→パラ(6)，への改訂過程において，(6)対応パラにはあった，「他のどの商品とも同じように」・「ある機械［のサービス］……，例えば時計［のサービス］」等の文は，パラ(6)では削除されている。このことを，「補録」(6)対応パラでは，思考の赴

くままサービスという用語をサービス α の意味において用いていたが，より体系的・清書稿的な『諸結果』パラ(6)では，無用の混乱を避けるために，サービス β（不生産的労働としてのサービス）の意味に「限定」して用いた[10]，と考えることもできる。

> 10) 但馬は，筆者とはその意味内容を若干異にするが，当該部分に関し，「範囲限定文」（『増補』309-310頁）と言っている。

4. 上記3.でも引用したように，マルクスは，パラ(6)（(6)対応パラ）に先行するパラグラフ（パラ(5)）において，非物(質)的労働等のサービス γ 的な事象ではなく，「ズボン」「仕立職人」等を例として挙げている（但馬は，『増補』311頁，317頁でそのことを指摘している）。そして，パラ(5)・パラ(6)の二つのパラグラフは，（……）で括られている点にも注意されたい。すなわち，マルクスは，ここでは，素材的には同一でも「経済的形態規定」としては異なる，ということを，物的かつ物質的な「ズボン」「裁縫労働」を例にとって言っているのである。このコンテキストを考えるとき，サービス＝「労働の特殊な使用価値」という規定におけるサービスが，非物的・非物質的等の素材的規定（サービス γ）であるということは，少なくともマルクス自身においてはありえないことである。金子は，この，サービス＝「労働の特殊な使用価値」，というマルクスの規定を，サービス γ のことだと解して，その全立論を立てている。この規定が，サービス γ（マルクスが夢想すらしなかった，非物(質)的労働等のサービスの素材的規定）を意味するものではない，とすると，その論の全体が瓦解することになるだろう。

第4節　不生産的労働といわゆるサービス業との区別

本章第2節では，サービス提供 a（不生産的労働）においては，労働ではなく労働力が売買される，ということを明らかにした。そして，そのことは，自営のいわゆるサービス業者（サービス提供 b），資本制的ないわゆるサービス産業（サービス提供 c）は，不生産的労働者とは異なるものを販売している，ということを意味していた。さて，その労働力とは「異なるもの」，とは何で

あろうか。金子は，いわゆるサービス提供 b・c においては，サービス γ 的なものが，「活動形態にある生きた労働」そのものが売買されると考えている。そして，氏は，その論拠を，サービス＝「労働の特殊な使用価値」という規定に求めていた。だが，前第 3 節で明らかにしたように，サービス＝「労働の特殊な使用価値」，という規定は，サービス γ（非物（質）労働等）を意味するものではなかった。このことは，いわゆるサービス提供 b・c においては，労働そのものではなく，それとは「異なるもの」が売買される，ということを意味している。以下，その「異なるもの」とは何であるかを，それは，「活動状態にある労働そのものとして現象する対象化された労働，……非物的商品」（『経評』論文 130 頁，本書 16 頁）であるということを明らかにしよう。

マルクスにおいては，いわゆるサービス提供 b が独自のカテゴリーとして立てられておらず，その結果，b が a と同一視されているという点に鑑み，まず最初に，本節では，その点，すなわち，a と b との区別について論じよう。

筆者は，（『経評』論文 131-132 頁，本書 20-23 頁）で，「通常そしてマルクス自身においても，自営の医師の労働等［いわゆるサービス提供 b］が，誤って本来のサーヴィス＝不生産的労働［サービス提供 a］と規定されている」と述べた後，「通常同一視されている有用効果の小生産者，たとえば［開業］医師の労働と，本来のサーヴィス提供者＝不生産的労働者，たとえば女中の労働との相違は」，下の 3 点にあるとした。

①女中は労働手段等を持たないのに対し，開業医師は生産手段（医療設備等）を持っている，②前者は労働力を売るのに対し，後者は非物的商品（有用効果）を売っている，③女中が受け取るものは，「労賃」（労働力の価値または価格）であるのに対し，開業医師が受け取るものは，「医療という有用効果の価値」である，と。

この点に関し，石倉一郎（[1982] 70 頁）は，筆者の『経評』論文に触れつつ，「東大大学院［『経評』論文公表当時］の青才高志（が）……ことに有用効果の小生産……につき詳説」した意図を理解したのであろう，次のように言っている。「この有用効果の小生産は，資本制的サービス商品としての有用効果と，商品という範疇には共通に属しながら外観，形態は大きく異なるし，逆に本来のサービス（素手の生きた労働）は，この小生産有用効果（理論的には単純サービ

ス商品)と範疇を異にしながら外観が紛らわしいため,前者の価値不生産性が
いわゆるサービス労働すべてに不当に拡大解釈されるもとになって居り,この
三者をはっきり区別して理解することは重要である。ことに氏が本来のサービ
スと小生産有用効果との区別の規準として生産手段の所有の有無による消費者
からの自立性をあげていることは卓見である[『経評』論文131-132頁,本書20-23
頁]」と。筆者(青才)が強調符を付した点に注意されたい。

　この点に関連し,但馬は筆者を批判し,次のように言っている。「青才高志
は,マルクスが誤って不生産的サービス労働者の中に,「医師等の有用効果の
小生産者」(青才[『経評』論文]……140頁[131頁でも])……を含めていると批判
しているが,「ブルジョア社会が封建社会から分離する」(MEGA. II/3.1, S.
276……),いわば過渡期の時代をモデルとしていたマルクスの不生産的サービ
ス論であることを考えると,その批判は酷に過ぎよう。例えばそれが「お抱え
の医師」のことを想定していたと考えればよいではないか。」(『増補』386頁)と。
確かに,マルクスの「解釈」としては,医師は「お抱えの医師」であり,不生産
的労働者であるという可能性はある。だが,問題は,そのような部分的な「解
釈」の問題にあるのではなく,理論の全体的な陣形配置,論争における説の分
岐を明らかにするためには,**a**(不生産的労働)と**b**(非物的商品の小生産)と
を明確に区別しておかねばならない,という点にある。

　但馬は,サービス提供**a**・**b**・**c**の区別自体は認めている。そして,氏は,**a**
においては,労働ではなく労働力が売買されると言っている。とした場合,**b**
の存在の指摘,**a**と**b**との区別の強調は,マルクスに「酷に過ぎ」るので問題
にすべきではない,ということになるのだろうか。マルクスは,物的成果をも
たらす労働に関しては,(1)産業資本の下での生産的労働,(2)生産的労働でも
不生産的労働でもない物的商品を生産する小生産者の労働,(3)不生産的労働
者の「現物サービス」(価値非形成,経済(学)的には生産ですらない)につい
て,区別して論じている。だが,非物的成果をもたらす労働に関しては,(1)′
[いわゆるサービス提供**c**]学校資本のもとでの労働(生産的労働=剰余価値を
生産)と(3)′[サービス提供**a**]不生産的労働者の「人的サービス」(価値非形
成,経済(学)的には生産ですらない)について述べるのみであり,(2)′[いわ
ゆるサービス提供**b**]については明確には述べていない。明確に述べていない

だけではなく，マルクスは，**b**を**a**であるかのように述べている。但馬は，それでよい，**b**に関してはマルクスに「酷に過ぎ」るので述べなくともよい，というのだろうか。**b**を明確に立てないと，（石倉がいうように）**a**の規定が「不当に拡大解釈され」，**a**でも**b**でも同じものが売られるという見解──**b**でも労働力が売られる，という論者はおそらくいないので，また，**a**において，マルクスは不正確にも「労働」が売られるという叙述を残しているので，両者において同じく「労働」が売られるという見解──が成立することになるが，それでも氏はよいとするのだろうか。いや，そうではないであろう。マルクスと同様に，歌・バレエ等の「特殊的生産物」（MEGA. II/3.6, S. 2236, 但馬『増補』335頁）の存在を認める氏は，**a**においては労働力が，**b**においては「特殊的生産物」が売買されるということだろう。

　b（非物的商品の小生産）を明確に立て，**a**（不生産的労働）と**b**との区別が曖昧であったマルクスを批判することによってこそ，**a**と**b**と**c**との関連・配置，すなわち，石倉の叙述を用いて言えば，「範疇を異にしながら外観が紛らわしい」**a**と**b**との区別を与え，そして，**b**と**c**とは，「外観，形態は大きく異なる」が，非物的商品の生産・販売という点において「範疇［的］には共通」，ということを明らかにしうるのではないだろうか[11]。

11) 本書における「労働売買」概念批判は，単に，「サービスをめぐる諸問題」にのみ関連することではない。「非物的商品の小生産」の強調は，大塚久雄の問屋制における（賃労働ではない）「賃仕事」概念，宇野弘蔵の非資本主義的な職人（熟練を有するクラフトマン的労働者）は労働力ではなく労働を売っているという規定を睨んだものである。筆者は，労働の売買なるものは，労賃形態（「労働力」の売買の・「労働」の売買への転化）において現象として存在するのみで，そもそも存在しないと考えている。労働手段等を所有していることが明白な自営の医師（開業医師）のみならず，植木職人──「所有する生産手段がハサミだけだとしても」「熟練が［消費者・購買者からの］自立性を与え」ている植木職人──を「有用効果の小生産者」の例として挙げたのはそのためである（参照，『経評』論文131頁，本書21頁）。

第5節　大吹「労働売買説」批判

　大吹は，いわゆるサービス提供 **b・c** においては，「労働」が収入と交換される，と言っている。また，金子も，微妙なニュアンスがあるが，結局は，「サービス労働それ自体が使用価値としてその有用的な働きのゆえに売られる」（『サービス』54頁）等，労働が売買されると言っている。以下，金子説への批判は第6節で述べることとし，ここ第5節では，大吹説との関連において，**b・c** において「労働が売買」されるとするのは，経済学的に言って成立不可能な説であることを述べる。

　大吹 [1985] は，次のようにいっている。[文中の〈←……〉等で，当該部分初出時，大吹 [1984] 97頁，からの訂正——そのすべてではないが——を示す。]

　「サービス賃労働者（例えば予備校教師）は資本家に労働力商品を売るけれども，彼がサービス賃労働者として資本のもとで，つまり資本の機能として消費者に提供するサービスは，彼が家庭教師として個人的消費者の邸宅で提供していたサービス＝活動状態での労働の有用性〈←サービス＝労働〉，あるいはまたサービス自営業者（私塾教師）として販売していたサービス＝活動状態での労働の有用性〈←サービス＝労働〉と同じ「教育労働」という活動状態での労働の有用性〈←生きた有用的労働〉＝サービスである。すなわち，非物質的労働としてのサービスの提供が個人の家庭で雇われておこなわれようが〈「個人の……」の部分，[1985] で追加〉サービス自営業者〈←自営業〉によっておこなわれようが，あるいはまた，賃労働者が資本家のために資本の統制のもとでおこなおうが，その労働（例えば教育労働）が対象的生産物を生産する労働に転化する奇跡が起きない限り収入と交換される労働としてサービスといわれるものの一般的本性は変わらない。したがって，それらがともにサービスとして総括される意義もここにある。」(314頁) と。

　この大吹の具体例に即し，登場人物（経済主体）を整理しておこう[12]。

　　12) 以下述べることは，氏より，当該部分初出論文，大吹 [1984] をご恵投いただいたおりに，お礼として認めた手紙 (1984. 10. 7記) の内容をほぼ再掲したも

のである。

　[以下, (a)等は, Arbeitをしている人, (c)等は, consumer, (k)は, Kapitalist, を意味する。]
　「家庭教師」(サービス提供 a) の場合……(a)「家庭教師」, (c)家庭教師を「雇」っている「個人的消費者」。
　「私塾」(サービス提供 b) の場合……(a)′サービス自営業者 (私塾教師), (c)′塾生徒, または, その保護者。
　「予備校」(サービス提供 c) の場合……(a)″「サービス賃労働者 (例えば予備校教師)」, (k)サービス「資本家」, (c)″予備校生徒, または, その保護者。
　前第4節でも述べたように, 筆者は, 『経評』論文 [1977] 以来, サービス提供 a と, b・c との違いを, 生産手段所有の有無——正確には, (a は) 無・(b・c は) 有——によって, 区別してきた。さて, この大吹の例の場合, 教育における労働手段等 (机等。照明等の補助材料も必要となりうるので, 以下労働手段等と記す)——筆者の場合には生産手段, 大吹の場合には消費手段, 故に, 以下, 中立的に, 労働手段等と呼んでおこう——の所有主体はどうなっているのであろうか。それは, 明らかに, 家庭教師の場合には(c), 私塾の場合には(a)′, 予備校の場合には(k)である。この机等の労働手段等 (以下, 机と略記) の所有のあり方に注目すると, 次のこと (イ・ロ・ハ) が言えることになる。
　(イ) 机を所有していない, (a)と(a)″は同じものを売っている。そして,「サービス賃労働者」(a)″は, 大吹が述べているように労働力を売っている。とすると, 家庭教師 (不生産的労働者) (a)も, 労働力を売っていることになるだろう。本章第2節で, 筆者は, マルクスは, 意を凝らした場合には, 不生産的労働者は労働力を売っている, と言っているということを明らかにした。ここでは, そのことを, マルクスが言っている云々という言い方によってではなく, 諸経済主体の比較対照から——経済諸概念の連関枠組の点から——明らかにしえた, と言いうるだろう。
　(ロ) 机を所有している(a)′・(k)は, (c)′・(c)″に対し, 同じ「もの」を売っている。それは, 机を所有していない(a)が机の所有者である(c)に対し売っ

ている「もの」とは，明らかに異なっている。だが，大吹は，(a)′も(k)も(a)も，「同じ」もの「「教育労働」という活動状態での労働の有用性〈←生きた有用的労働〉＝サービス」[13]を売っていると言う。上記(イ)において，われわれは，(a)と(c)との間では，労働ではなく労働力が売買されていることを明らかにした。このことを認めたとして，大吹は，(a)′も(k)も，(a)と同じく労働力を売っていると言うのだろうか。勿論，大吹はけっしてそうは言わないであろう。とすると，大吹は，サービス提供 **a**・**b**・**c** においてはすべて同じもの（サービス＝労働）が売られているという自説を改め，(a)は労働力を，(a)′と(k)はそれとは異なり，労働を，サービス＝活動状態での労働の有用性を売っている，と言わざるをえなくなる。以下(ハ)ではその点を問題にしよう。

13) 大吹[1984]から[1985]への叙述の変化——前者では「労働」を売ると言っていたのに対し，後者では「労働のサービス」を売ると述べている点——を考慮すると，一見，大吹説は変わったと見える。だが，大吹[1985]においても，例えば，「非物質的労働のなかでもそれが対象的生産物の形態をとることなくその自然的性状故にサービスの形態でしか存在しえない労働は，労働が活動状態のままで売買されるのである」(321頁)等と述べていることから言って，(a)・(a)′・(k)ともに「労働」を売っている，という大吹説には変化はない，と思われる。大吹における叙述の変更は，渡辺によるサービス概念に関わる問題提起を入れてなされたサービス概念についての修正，すなわち，収入と交換される労働のサービスを——「労働のサービス」と「労働＝サービス」という規定とは両立しえないが故に——「活動状態での労働の有用性」と修正したもの，それ故にサービスという語の用法に関わる修正，と考えるべきだろう。以下，大吹は，依然として，「労働」の売買という概念を支持していると解することにする。

(ハ)大吹は，机を所有している(a)′と(k)とは，(c)′と(c)″に対し，同じもの，「教育労働」という「活動状態での労働」を売っている——本来の大吹説では(a)も労働を売っていると言っているのだが——，と言う。だが，その場合には，大吹も，「教育」においては，教育労働だけではなく，机等教育のための労働手段等も必要であるということは認めることと思うが，その労働手段等が抜け落ちてしまうことになる。不生産的労働者は「労働」を売るという誤りは，マルクスが多くの箇所で「労働」を売る等と言っていることを考慮に入れると，その誤りの責任の一端はマルクスにあるが故に，まだ罪は軽い。だが，

b・c において売られるものは活動状態での労働だ，とする誤謬の罪は重い。それは，経済学的規定としては，例えば，紡績資本も紡績労働を売るとするのと，同断の誤りであるしかないからである。大吹は，いや，紡績資本は物（質）的商品（綿糸）を生産し販売しているのに対し，予備校は「対象的生産物」を生産する訳ではないが故に，両者は異なり，前者は労働力と生産手段とを結合した成果である物的商品を売っているが，後者は教育労働のみを売っている，ということだろう。だが，しかし，そのような見解は，物理的「対象」性を有するかどうかという，「素材的内容」（Re. 218頁［MEGA. S. 114］）・感性的区別は，価値を形成するかどうか，生産的労働であるかどうか等の，経済的形態規定とは何ら関わるものではない，ということをあれほど強調した，マルクスから離れること大，と言わざるをえない。

予備校の受講料という価格——通説では，いわゆるサービス労働の価値形成は否定されているので，価格と言っておこう——の面でも考えてみよう。教育の価格（受講料）を考えるときには，単に教育労働者の賃金だけではなく，机等の教育設備の費用も問題になるはずであるが，教育労働を売るという規定だと，それも抜け落ちてしまうことになる。それで予備校は平均利潤を得られるのだろうか。労働力を売り，机等が消費者の負担である家庭教師（サービス提供 **a**）と，机等の労働手段等を負担し「教育」という有用効果を生産・販売する私塾（サービス提供 **b**）・予備校（サービス提供 **c**）との差異が，そこにおいても現出しているのである。

家庭教師（サービス提供 **a**）は，労働ではなく労働力を売る。そして，いわゆるサービス提供 **b・c** で売られるものは，私塾・予備校が売るものは，労働ではなく，それとは「異なるもの」，「教育」という「有用効果」（非物的商品）[14]である。総じて，サービス提供の三形態の全てにおいて，「労働」の「売買」なる「概念」は，存立し得ないものなのである。

14)「教育という有用効果」という表現に関連し，若干のことを述べておこう。大吹は，本書第1章所収の『経評』論文を批判し，次のように言っている。「［青才は］学校資本が売るのは，教育労働ではなく，それが生産した労働の成果，すなわち，「教育という非物質的［筆者は，「非物的」と述べているので誤引］財貨＝有用効果を生産し」［『経評』論文137頁］販売するという。が，教育労

働は非物質的労働として客観的な労働の成果を生みだすことはなく，したがって，有用効果を生みだすこともない。」（〔1985〕329頁）と。筆者も，教育を，非物的かつ非物質的成果であると思っている。だが，何故に，有用効果という概念を，教育という非物的かつ非物質的成果に用いてはならないのだろうか。マルクスは，『資本論』第1巻第14章で，次のように言っている。「物質的生産の部面の外から一例をあげることが許されるならば，学校教師が生産的労働者であるのは，彼がただ子供の頭脳を加工するだけではなく，企業家を富ませるための労働に自分自身をこき使う場合である。この企業家が自分の資本をソーセージ工場に投じないで教育工場に投じたということは，少しもこの関係を変えるものではない。それ故，生産的労働者の概念は，けっして単に活動と有用効果との関係，労働者と労働生産物との関係を包括するだけではなく，労働者に資本の直接的増殖手段の刻印を押す一つの独自に社会的な，歴史的に成立した生産関係を包括するのである。」（K. I, S. 532）と。すなわち，マルクスは，「子供の頭脳の加工〔教育。教師による一方的な「頭脳の加工」——腸詰め「ソーセージ」を作るように，子供の頭脳に知識を詰め込むこと——は困難であるが故に，教え・育つ，という意味で，「教育」と言っておこう〕」に触れた直後の文で，それを，「有用効果」，または，「労働生産物」と言っているのである。物質的生産物である「ソーセージ」だけが，「有用効果」，または，「労働生産物」であり，非物質的成果である教育は，「有用効果」ではない，等の解釈を，そこから引き出すことはけっしてできないであろう。

　ついでながら述べておく。第1巻第14章における叙述を予断と偏見なく素直に読めば——『学説史』や「商業資本の買う商業的労働も，商業資本にとっては直接に生産的である。」（K. III, S. 313）という第3巻の叙述等々を知らず，公刊された『資本論』第1巻を読む読者（マルクス存命中の『資本論』の読者）は「予断と偏見なく」読むしかないのだが——，教育労働が剰余価値を生産し，それ故に，生産的労働であるという以外の読み方は不可能なのである。

第6節　金子「労働売買説」批判

　筆者は，これまで（特に本第4章）の展開によって，金子ハルオをその代表とする通説（いわゆるサービス労働は価値を形成しないとする説）に対する批判はなされたものと思っている。だが，金子の論述そのものを取り上げての検討・批判は不十分なものでしかない。それ故に，以下，金子の論述そのものを問題にすることにする。

[1] 金子は,『サービス』47頁で,サービス提供の三形態につき次のように述べている [以下の [あ] 等は,筆者 (青才) の挿入。また,サービス提供の「a」等の記号は,本書での表記 (本章第1節で与えた表記) に合わせた。]

　「[あ] サービス提供の発展とその3種類は次のとおりである。(a)収入または所得をもって雇用される家事使用人 (僕婢,家庭教師など) によるサービス提供。(b)自営業的サービス労働者 (仕立屋,理髪業者,私塾教師,開業医師など) によるサービス提供。(c)サービス資本家による (資本に雇用された賃金労働者の労働力の使用による) サービス提供。／[い] サービスは(a)では不生産的「賃労働」の働き,(b)では「単純商品」,(c)では「資本主義的商品」である。つまり,(b)の出現はサービスの商品化,サービス商品の提供業の出現を示し,(c)の出現はそのサービス商品の提供業が資本の投下部面,資本による利潤の獲得の部面に発展したことを示す。[う] しかし,(a)(b)(c)のどの形態でサービス提供がなされても,サービスの消費者にとっては,自分の収入または所得の支出によって提供を得たサービスを個人的に消費することに変わりはない。その意味で,(a)(b)(c)は,資本主義のもとでの,消費者の立場からみた同じ自分の欲望をみたすサービスの提供のされ方の相違,その種類でしかない。」と (ほぼ同趣旨のことを,『サービス』158-159頁でも述べている)[15]

15) 金子 [2003] 158-159頁でもほぼ同じ叙述。ただし,そこでは,(a)(b)(c)を「3種類」として並記することなく,(b)(c)についてのみ述べている。

　金子は,大吹と同じく,引用 [あ] (c)では──「資本に雇用された賃金労働者」を問題にする際には──強調符で示したように「労働力」と述べている。だが,(a)を規定する際には,「雇用」「賃労働」という用語は登場するが,「労働力」という用語は登場しない。しかしながら,大吹とは異なり,金子は,不生産的労働者は「労働力」ではなく「労働」を売るとは言わない。そしてまた,金子は,数少ない箇所でではあるが,金子『生産的労働』[1966] では実質上2箇所 (88-89頁,98頁) で,そして,金子『サービス』[1998] では1箇所で,不生産的労働者は「労働力」を売る,と言っている。後者,『サービス』での使用例について触れておこう。

　『生産的労働』出版 (1966年) 以後,筆者の『経評』論文 [1977],刀田 [1979]

等々，不生産的労働者は労働力を売っているのか・労働を売っているのか，という論争，筆者が知る限りでだが，論文数で2桁となる論争があった。だが，金子は，その論点に関しては，金子『サービス』(1978-98年の諸論考所収の著書）においてテーマ的には何も述べないままである。述べたのは，管見の限りではただ1箇所，経済理論学会全国大会分科会の〈質疑応答〉の際に，斉藤悟郎の「(**a**)の場合も(**b**)の場合も実質は変わらないので，どちらも貨幣取引関係で商品化していると考える」べきだという質問（参照，金子『サービス』54頁）に対し，〈応答〉した箇所――自己の(**a**)と(**b**)との区別をいうことを迫られて述べた箇所――においてのみである。そこでは，明確に次のように述べている。「(**a**)の場合には，サービスの消費者（算数の授業を受ける生徒または生徒の父兄［保護者］は，自分の収入をもって家庭教師を賃労働者として雇用し，すなわち家庭教師の労働力を一定の時間ぎめで購入（する）」(55頁）と。

　これまで述べてきたことからわかることは，以下の点である。1）金子は，不生産的労働（サービス提供**a**）においては，労働が売買されているのか・労働力が売買されているのか，という点に関しては，大吹とは異なり，労働ではなく労働力が売買されている，と言っている。2）だが，先の引用［あ］のサービス提供**a**の説明では，サービス提供**c**とは異なり，「労働力」という用語を用いていないことからもわかるように，また，先の分科会での〈質疑応答〉では「労働力」と言っているが，その〈質疑〉の対象となった「報告・発表」では，不生産的労働者は「労働力」を売るとは一言も述べていないということからもわかるように，その点に関しての強調，詳論はない。サービス提供**a**・**b**・**c**において売買されるものの違い，**a**では「労働力」が，**b**・**c**ではそれとは「異なるもの」が売買されるという区別――筆者にとっては，**a**では労働力が売買されており価値非形成，**b**・**c**では，それとは「異なるもの」が生産され売買されており価値形成的という区別――は，ともに価値形成的ではないとする氏にとって枢要な区別ではないということ，どうでもよい区別だということなのだろう，この論点に関し氏が触れることは少ない。

　［2］金子が，サービス提供**a**（サービスβ，不生産的労働）の場合に，「家事使用人」が売っているのは，「労働」ではなく「労働力」であると言明するとすると，氏は同時に，**a**で売られるものと，**b**・**c**で売られるものとは異なるの

ではないのか，という質問に対しては，**a・b・c** 全てにおいて「労働力」が売られると氏が言うはずはないが故に，氏は，先の引用［う］で，「**(a) (b) (c)** のどの形態でサービス提供がなされても，サービスの消費者にとっては，自分の収入または所得の支出によって提供を得たサービスを個人的に消費することに変わりはない。」と言っている点を訂正し，**a** においては「労働力」が，**b・c** においては「労働」が，販売される──「提供」され，「消費」される──ということだろう。

　さて一体，労働の売買という概念は成立するものなのだろうか。マルクスを批判するとしても，その前提として，マルクスがどう考えていたかを知っておく必要があり，そして，金子は自説をマルクスから引き出した説だと述べているが故に，まずは，マルクスがこの点についてどう言っているかを聞こう。マルクスは，多くの箇所で労働を売買すると言っている。ある箇所では，労働力の売買というべき箇所で「労働」の売買と言い，また，ある箇所では，労働力でもなく物的商品でもない「もの」の売買を，「労働」の売買であるかのように語っている。このような不正確な叙述があるのは十分承知の上で，われわれは，マルクスが他の規定との関連において彼自身の本来の「思い」を語っている箇所，意を凝らして厳密に規定した箇所等を見なければならない。例えば，マルクスは，いたるところで，サービス β（不生産的労働）を「収入と交換される労働」と規定しているが，本章第 2 節で見たように，マルクスの叙述を読むと，また，彼の言っている他の規定との整合性を考えるならば，収入と交換されるのは正確には労働力である，とマルクスが思っていたことがわかる，等々。

　そもそも，労働の売買ということはありうることなのかどうか，労働力・労働・商品等の諸概念相互の連関枠組を考えた場合に，労働の売買という規定は，労働が商品として売買されるということは，成立しうるのかどうかを考える場合に，参照されるべきと思えるマルクスの叙述を示しておこう。

　マルクスは次のように言っている。［本章第 2 節でも一部を引用したが，重要な箇所なので，ここでは，当該部分全体を引用しておこう。なお，（イ）等の内容区分は，筆者（青才）の挿入。以下，再引用する場合には，マルクス引用 A 等と記す。］

　引用 A「（イ）労働そのものは，その直接的定在すなわちその生きた存在にお

いては，直接に商品として捉えることはできない。(直接に商品として捉えうるのは〔訳者〕) 労働能力だけであり，その一時的な発現が労働そのものなのである。(ロ)本来の賃労働がこういう仕方ではじめて説明されうるということは，「不生産的労働」──この「不生産的労働」〔の価値（青才）〕を，A. スミスは，いたるところで「不生産的労働者」を生産するために必要な生産費によって規定しているのであるが──，これについても同様である。(ハ)だから，商品は，労働そのものとは区別される存在として捉えられなければならない。だが，その場合には，商品世界は，次のような二つの大きな部類に分かれる。／一方の側には労働能力。／他方の側には諸商品そのもの。」(Th. I, S. 141〔MEGA. S. 459〕)と。

ここでマルクスは，「労働能力」の「一時的な発現が労働そのもの」である，そして，その労働の生産物が商品である，という労働力・労働・商品相互の連関枠組に立って，「労働そのもの」，「生きた」労働，〔「活動形態にある労働」〕等が，商品となることはない，と紛れなく明確に言っている。またそれは，マルクス『資本論』全体の理論と整合的な規定である。

多くの人が，このマルクスの叙述を挙げて，少なくともマルクス自身は，労働そのもの・生きた労働・活動形態にある労働等が売買されるとは考えていなかった，と主張してきた。多くの箇所で，マルクスは労働の売買と語っているが，その内実は，マルクス自身の本意としては，それは，労働力の売買か，または，労働力でも労働でもない「もの」(上記の叙述のなかでは商品となるしかないそれ)のいずれかであると，主張してきた。『経評』論文129-130頁(本書18頁)で，筆者は，上記マルクス引用Aの一部を引用し，労働が売られることはないのだから，不生産的労働(サービス提供 a)においては労働力が，いわゆるサービス提供 b・c においては，非物的商品が売られるとした。また，刀田〔1979.8・12〕も，労働の売買という規定を批判している。その他，馬場・但馬等多くの論者も，「労働の売買」なるものを批判している[16]。

16) 渡辺は，「サービス〔としての〕労働」(不生産的労働，サービス β，サービス提供 a)においては，労働力ではなく労働が売買される，と言っている(『渡辺』44頁)。だが，氏は，対象的生産物のみならず，非対象的生産物の存在を認めているが故に，おそらくは，いわゆるサービス提供 b・c の場合には，非

対象的生産物が売られている，ということだろう。

　筆者にとっては，上記マルクス引用Aは，マルクスがどう考えていたのかという点に限っていえば，「労働そのものの売買」なんぞというものはないと考えていた，と解釈するしかない叙述である。だが，しかし，金子は，別様に解釈している。以下，その点を問題にしよう。

　金子は，『サービス』127頁注99）で次のように言っている。

　「……櫛田氏は，マルクスが「労働そのものは，その直接的定在すなわちその生きた存在においては直接に商品として捉えることはできない」[引用A（イ）]と述べたことを根拠として，「流動状態の労働そのものは商品とは捉えられない」といっている。しかし，『剰余価値学説史』のその箇所における叙述は，「商品世界」において労働者が販売している商品は，労働ではなく，労働そのものとは区別される労働力であること，そうしてその労働力は労働の生産物とは違う「部類」の商品であることを指摘したものである。マルクスは，「労働の特殊な使用価値の表現である」サービスがその「特殊な使用価値」の消費を目的として購入され，「商品」になることを是認していたのであって，この叙述は，そのことを否定するものではない。」と。

　この金子の叙述を検討・批判しよう。

　（1）金子は，「櫛田氏は……「流動状態の労働そのものは商品とは捉えられない」といっている。」と述べた後に，「しかし」と反論しているので，ここからも，金子説は依然として「労働売買説」であることがわかる。

　（2）なお，金子は，「櫛田氏は……と言っている」と述べているが，「流動状態の労働そのものは商品とは捉えられない」という規定は，「櫛田氏」の規定云々という以前に，マルクスがそう言っていることである。マルクスは，引用A（ハ）で「商品は，労働そのものとは区別される存在として捉えられなければならない。」と言っているからである。

　（3）金子は，「マルクスは，「労働の特殊な使用価値の表現である」サービスがその「特殊な使用価値」の消費を目的として購入され，「商品」になることを是認していたのであって，この叙述は，そのことを否定するものではない。」と述べている。だが，金子の反論は，マルクス引用A（ハ）の「だから，商品は，

労働そのものとは区別される存在として捉えられなければならない。だが，その場合には，商品世界は，次のような二つの大きな部類に分かれる。／一方の側には労働能力。／他方の側には諸商品そのもの。」という叙述を踏まえたものではない。そこで，マルクスは，「商品世界」には，「労働能力」と「諸商品そのもの」しかない，と言っているからである。

　それとも，金子は，「マルクスは，……サービスが……購入され，「商品」になることを是認していた」という際に，「商品」という用語を引用符で括っているが故に，サービスは，マルクスが「他方の側には諸商品そのもの」と言っている場合の「商品」の中に入る，と言っているのだろうか。とすると，それは，金子にとって非常にまずいことになる。なぜなら，マルクスは，引用Aの直前で，「商品という概念は，労働がその生産物に物体化され，物質化され，実現されている，ということを含んでいる。」と言い，そして，引用Aの直後では，「しかしながら労働の物質化等々を，A. スミスが捉えているように，スコットランド人的に捉えるべきではない。」(Th. I. S. 141 [MEGA. S. 459]) と言っていることからもわかるように，労働力と区別された「商品」を，ここでは「労働が……物質化され」た「商品」に限定しているからである。金子が，サービスを「労働が……物質化され」た「商品」だというはずはない。とすると，「「労働の特殊な使用価値の表現である」サービス」が，「労働能力」と区別された「諸商品」の一つだ，というような解釈は成立しえないこととなる。

　(4) そもそも，本章第3節で述べたように，「「労働の特殊な使用価値の表現である」サービス」というマルクスの規定は，サービスβ（不生産的労働）のことを言っていたのであって，金子が考えているように，サービスγ（非物質的労働，非物質的商品等）のことではなかったのである。その点を考えると，引用Aにおけるマルクスの叙述の意味は，簡単明瞭になる。マルクスは，「商品世界」には，「労働そのもの」という商品はなく，「労働能力」——生産的労働者，および，「「労働の特殊な使用価値の表現である」サービス」を遂行する不生産的労働者が売る商品である「労働能力」——と，他の「労働の生産物」（金子の表現）である「諸商品」しかない，と言っているのである。

　［3］筆者は，本章第5節において，大吹説を検討し，いわゆるサービス提供**b**・**c**において労働が売られるとしたのでは，労働手段等の問題が抜け落ち

てしまうと批判した。同じ批判は，同様に金子「労働売買説」に対しても向けられることになる。金子も，その労働売買説の限界を感じたのだろう，斉藤重雄[17]との論争（参照，金子『サービス』本論第 2・3・4 章，論文初出 1987. 3〜1992. 2）を通じ，以下述べるように，微妙に記述内容を変えている。

> 17) 素材的規定重視という意味では，斉藤は金子の説に従っているが，その先，「サービス労働」は，「労働力の価値」を生産するが故に価値形成的であるとする点においては，金子説と大きく異なっている。だが，この斉藤 [2005]・櫛田 [2003] 等のいわゆる「サービス労働・労働力価値形成説」は，「労働力の価値」という場合の「価値」を人間に対象化された労働であるとする点において，到底成立しえない理論でしかない。

金子は，『サービス』本論第 1 章（初出 1985. 7）45 頁では，サービス労働とサービスとの関連を以下のように記述していた。

(1)「サービス」:「労働の具体的有用労働としての働きそのもの」，「サービス労働」:「サービスとしての労働」，と。いわば，「サービス」（サービスγ，金子の用語法では「一般的規定としてのサービス」）とは，「[サービス] 労働の具体的有用労働としての働きそのもの」であると言っていた訳である。だが，本論第 2 章（初出 1987. 3）では，「サービス労働とサービスとの区別は，労働そのものとサービス労働手段を用いてなされるその労働の有用な働きとの区別であ（る）」(71 頁) と記述している。強調符部分に注意されたい。

(2) 金子は，本章本節冒頭での引用「サービス提供の……3 種類」執筆 [1985. 7] 当時においては，「サービスの消費者（は）……自分の収入または所得の支出によって提供を得たサービスを個人的に消費する」(47 頁) と言っていた。だが，氏は，上記(1)で引用した叙述があるパラグラフ (71 頁) に注記し，「サービスの消費者は，実際にはサービス労働の有用的な働きであるサービスを消費するとともに，消費財であるサービス労働手段の使用分も消費するのである。」（注 28），79 頁，初出 1987. 3）と言っている。洋服生産資本は洋服という商品を売り，そして，個人的消費者はその商品としての洋服を買って消費するが故に，販売される商品と消費される商品とは同一のものである。とすると，ここで，金子は，いわゆるサービス提供 **b・c** において売られるものは，「サービス＋労働手段の使用分」である，と言っていることになる。ここまでくれば，

金子「労働売買説」は変容したと言ってよいであろう。**b**・**c**において売られるもの，そこで問題となる商品は，サービス労働でもなく，また，サービス労働のサービスでもなく，それとは異なる「何か」である，ということになるからである。

　この「サービス＋労働手段の使用分」という商品の規定は，金子をその代表者とする通説解体の危険性を孕んだものである。何故なら，物的商品である洋服を生産する資本は，裁縫労働等の労働＋ミシン等の労働手段等使用分，を，販売するのではなく，裁縫労働の成果である洋服を販売するが故に，上記の「サービス＋労働手段の使用分」を売る，という規定は，両者の間には物的か非物的かという素材的相違があるだけなので，限りなく，サービス提供**b**・**c**においては，いわゆるサービス労働によって，サービスと呼ばれてきた非物的商品が生産され，それが売買されているという説を引き寄せることになるからである。

　だがしかし，金子は，あくまでも「サービス＋労働手段の使用分」の「＋」を残さねばならないと言い，「＋」の結果，サービス労働でもなく労働手段の使用分でもない別個の「成果」が生産されそれが消費される，と考えるべきではないという。そして，その点を主張すべく，金子は，さらなる「変容」――形態規定重視という新金子説への「変容」――を開始することになる。以下次項では，その点について詳論しよう。

　［4］これまで，筆者は，物的成果をもたらすかどうかという素材的規定ではなく，「そもそも問題となる生産物とは商品のことである」(MEGA. II/3.1, S. 119)というマルクスの規定に学んだ経済的形態規定重視の立場からする展開を心掛けてきた。金子も，『サービス』執筆後半においては，以下の，「肉……焼き」・「焼肉」問題に関する考察に際し，形態規定重視の立場から，社会的関係の媒介，商品流通による媒介の意味について語っている。

　「肉屋から商品である「生肉」を買った買い手が，自分や家族の個人的消費のために，通常はその家庭内で自分でか雇い人に［サービス提供**a**に相当］その「生肉」を「焼肉」に料理させたならば，この場合の料理労働はサービス労働である。これにたいして，こんどは肉屋が自分でか［サービス提供**b**に相当］雇い人に「生肉」を「焼肉」に料理させて［サービス提供**c**に相当］，その「焼肉」

を商品として売ったならば，この場合の料理労働は物質的財貨である商品を生産する労働である。前者の場合には，「生肉」が商品であり，消費財であるのにたいして，後者の場合には，「焼肉」が商品であり，消費財であって，「生肉」は生産財［生産手段］なのである。」(69頁)と。生産と消費との区別が，商品流通による媒介によって与えられている点に注意されたい。すなわち，同じ活動，「生肉」の「焼肉」への料理が，「焼肉」を商品として売るためのものであれば「生産」となり，「生肉」を商品として買って家庭でなされるならば「消費」なのである。

　［上に引用したパラグラフにつけられた注19)（77-78頁）も参照。そこで，金子は，「ステーキ」を作る活動が，家庭で（商品を作るのでなく）なされるならば消費であり，レストランで（商品を作るために）なされるならば「社会的に［素材的規定だとそうではないが，経済的形態規定に則れば？］生産過程に属する」，と述べている。正しい。］

　だが，この「正しい」観点（以下，新金子的分析視角と呼ぶ）を貫徹させるならば，以下述べるように，本来の金子説は瓦解することになる。

　(1) 金子は，『サービス』149-150頁において，「米の実際の消費過程を，……，米と炊飯サービスと炊飯器と茶碗と箸とが結合して消費されたことから生ずる独自の成果［生産物］を消費すると捉えてはならない」と言っている。そして，その規定は，（サービス提供aによるそれを含め）家庭における「米」の炊飯に対する規定としては，――用語表現上の問題を除くと――全く正しい。だが，その炊飯が，レストランでお客に商品（ライス）を売るためになされている場合，「新金子的分析視角」に依れば，それは，ライス商品の生産過程であり，そこでは，米・炊飯器等の生産手段を用いた炊飯という生産的労働がなされ，ライス商品という「独自な成果［生産物］」が生産されることになる。

　(2) 「肉屋」（レストラン）での商品としての「焼肉」の「料理労働」を，「焼肉」を「生産」する「労働」――（本源的意味での）生産的労働――と規定する金子は，上記(1)の規定を認めることであろう。注意されるべきは，レストランでの「肉・焼き」・「炊飯」が，生産と規定されるのは，それが，経済（学）的な意味での「成果」・「生産物」である商品を生産している，という点にある。そして，レストランでライスを注文したお客は，炊飯労働と，炊飯器等の労働

手段等の使用分とを，合わせて買い・合わせて消費するのではなく，「独自な成果［生産物］」であるライスを買い・それを消費するのである。

　(3) とすると，いわゆるサービス提供 b・c に関しても同様のことが言えることになる。理髪を例にとって考えよう。家庭で親が理髪する場合，不生産的労働者を雇って理髪させる場合には，その理髪はなんら生産ではなく，整った髪の毛という「独自な成果［生産物］」を生産するわけでもない。そして，バリカン・はさみ等は消費手段であり，理髪において，消費者は，サービス提供 a の場合には，不生産的労働者の労働力とバリカン等の消費手段とを合わせて消費するのであって，けっして，「理髪という有用効果」を消費する訳ではない。だが，理髪店（サービス提供 b）・理髪資本（サービス提供 c）の場合には，それとは異なる。理髪資本（理髪店も）が売るもの（「商品」）は，「理髪という有用効果」なのであり，理髪過程は，「社会的には」，その「理髪という有用効果」の生産過程である。そして，それ故に，理髪資本のもとで理髪をしてもらうお客は，理髪労働＋バリカン等の労働手段の使用分，を消費するのではなく，「理髪という有用効果」を消費するのである。「自然に働きかけ」ステーキを焼くことと，「人間を対象としてなされる」理髪とは，素材的・感性的には大きな違いがある。だが，同じく資本のもとでなされるとしたら，レストラン資本のもとでのステーキ生産と，理髪資本のもとでの「理髪という有用効果」の生産との間には，社会的・経済的には，形態規定としては，何の違いもないのである。

　教育に関しても同様のことが言える。マルクスは，『資本論』第 1 巻第 14 章で（K. I, S. 532），「教育工場」の下での「学校教師」の労働を問題とし，学校教師は，「児童の頭脳を加工する」という「有用効果」「労働生産物」を生産するだけではなく，「剰余価値を生産する」が故に，「生産的労働者である」と言っている。私塾（サービス提供 b），および，学校資本（サービス提供 c）においては，非物的かつ非物質的な「もの」ではあるが，教育という有用効果が生産され，そして，そこでは，商品の価値形成がなされるのである。

　問題は，人々相互の経済的関係にあるのであって，「肉焼き」・炊飯・理髪・教育等の間にある労働およびその成果の「素材的内容」の相違にあるのではないのである。総じて，素材的・感性的には同じであっても，経済的形態規定の

相違によって，サービス提供 **a**（不生産的労働）の場合には，価値は形成されないが，サービス提供 **b・c**（いわゆるサービス労働）の場合には，独自の生産物，商品が生産され，価値が形成されるのである。

［5］これまでの展開を通じ，金子は，事実上──その理論内容からの要請により──，いわゆるサービス労働（サービス提供 **b・c** における）「理髪という有用効果」「教育という有用効果」の生産，そして，それ故に，そこでの価値形成を認めざるをえなくなっていることを明らかにしてきた。だが，金子が，理髪，教育における価値形成を明言したことはない。ところが，金子自身，金子［2003］においては，その本性において理髪（毛髪の場所移動）と何ら異なることなき，「人間の場所移動」という有用効果の生産過程に関しては，「それ［場所移動という有用効果］が個人的に消費されるならば，その価値は消費とともに消滅する。」（K. II, S. 61）とするマルクスと同様に，そこにおける価値形成を認め，「人間を運輸する労働が生みだす価値は，運輸された人間の個人的消費に入り込む」（169 頁）としている。

素材的・感性的な視角からする混濁を避けるために，暫くは，人間・恋文の「運送」（場所移動）ではなく，目に見え・手でつかみうる，物的かつ物質的商品である綿糸の「運送」（場所移動）を例にとって述べよう。「第四の物質的生産部面」（Th. I, S. 387 ［MEGA. II/3.6, S. 2183］）に属する自立した運送資本（例えば，日通）が生産し販売している商品は，「場所移動という有用効果」である。それはけっして，「場所移動された綿糸」ではない。とすると，「場所移動という有用効果」という商品の存在性格が問題になってくる。素材的・感性的視角から，物（Ding）のみが商品である，そして，物（Ding）に対象化された労働のみが価値を形成する，とする諸論者は，「場所移動という有用効果」という商品の存在性格に関し応答を迫られることになる。勿論，綿糸の場所移動は，昨日は大阪にあったのに今日は東京にある等「目に見える」，だが，それは，「手でつかみうる商品」ではなく，非物的商品である。「場所移動された綿糸」という商品は物的商品であるが，「綿糸の場所移動という商品」は，物的商品ではなく非物的商品であるからである。

非・物的商品という規定（物的商品ではない，という規定）は，日本語的には二つに分かれる。その一つは，「非物的」であるが故に，それは「商品」でも

ないとするものである。例えば，大吹は，「運輸業が販売する有用効果なる「商品」[カッコ付きの商品]は労働の成果ではあるが，それ自体として価値を担うべき肉体をもたないのである。……／……運輸業が販売する有用効果なる「商品」・「場所変更そのもの」は使用価値と価値との統一物としての本来の商品ではない。……擬制的商品（である）」（[1985] 369頁）と言っている。

もう一つは，非物的・商品の存在を認めるもの，「場所移動という有用効果」は，非物的とは言え「商品」である，とするものである。筆者等，いわゆるサービス労働の価値形成を認める諸論者はそうであろう。さて，金子はどうであろうか。もとより，金子は，一般的に言って，非物的商品の存在は認めない。だが，しかし，以下述べるように，「新金子的分析視角」に立った場合の氏は，非物的商品という範疇を認めざるをえなくなっているのではないだろうか。

①金子は，いわゆるサービス提供 b・c においては，サービス労働の成果ではなく，サービス労働と労働手段等の使用分とが合わせて売られる，と言っている。だが，交通業の場合には，運送労働＋運送労働手段等の使用分，が売られるとは言わず，運送労働によって「生産」された独自の成果，すなわち，「場所移動という有用効果」が販売されると言っている。

②「労働とは区別される労働の成果である使用価値」が市場で売買される場合，金子は，それを，商品の売買と表現することであろう。ところで，金子の規定に依れば，「「有用効果」とは，労働とは区別される労働の成果である使用価値のことであ（る）」（金子[2003] 169頁）。とすると，論理必然的に，「場所移動という有用効果」は，商品であるという規定性を受け取ることになり，そして，運送過程は，「場所移動という有用効果」という商品の生産過程であることになる。

③だが，「場所移動という有用効果」は，物的商品ではない。商品綿糸の場所移動過程は，「場所移動された綿糸」という目に見え・手でつかみうる物的成果をもたらすが，交通業が生産し・販売する商品は，「場所移動という有用効果」という商品であり，それは，物的姿態を有さない商品，それ故に，非物的商品である。

④さらに論理を推し進めるならば，金子を代表者とする「通説」の瓦解を迫る，以下のことが言えることになる。マルクスが述べているように，また，金

子も，[2003] 169 頁で認めているように，「輸送されるの（は）人間であろうと商品であろうと」かまわない（K. II, S. 60）。人間を場所移動する場合には，「人間の場所移動という有用効果」という商品が，場所移動過程において生産され，そして，個人的消費者に販売されるのである。勿論，「場所移動という有用効果」は，非物的商品であるが故に，「教育という有用効果」の場合と同様に，その人間の場所移動という商品の生産過程と，個人的消費者によるその商品の消費過程とは，時間的には同時であり，その商品の生産過程で生産された「価値は消費とともに消滅する」（K. II, S. 61）。だが，そのことは，「個人的に消費される有用効果［いまの例では，「場所移動という有用効果」］を生産する労働……も価値を生産する」（『経評』140 頁，本書 35 頁）ことを毫も否定するものではない。とすると，論理必然的結果として，いわゆるサービス提供 **b**・**c** においても，「個人的に消費される有用効果（が）生産（され），価値（も）生産（される）」ということになるのではないだろうか。

⑤総じて，交通業に関するマルクスの立論を是とする論者——金子はそうであると思うが——は，その理論内容から言って，「一般に，個人的に消費される有用効果を生産する労働，すなわち，いわゆるサービス労働も価値を生産する」（同上）ということを認めざるをえないのである。

［6］次章を睨みつつ，問題を出し直しておこう。これまで述べてきたように金子は非物的な商品の存在自体は認めている。とすると，問題は，物的と非物的，物理的対象性の有無の問題ではないことになる。金子は，「有用効果とは，労働それ自体とは区別される労働の客観的な成果をさし，対象的生産物を生産する労働が生みだす有用効果は，対象的生産物である物質的財貨であり，物質的財貨を生産の場所から消費の場所へと輸送する本来の運輸労働が生みだす有用効果は，物質的財貨の「場所的移動」である。」（『サービス』50 頁）という。物的という規定と物質的という規定とを区別する筆者であれば，自立した運送資本による「場所移動」の過程——「場所移動という商品」の生産過程——は，「物質的財貨を生産の場所から消費の場所へと輸送する」過程であるが故に「物質的生産」なのではない。それは，「物質的財貨」を運送しようと，人間，恋文を運送しようと，「場所移動という（物質的）商品」の生産過程であるが故に，物質的生産なのである。物的……物理的・感性的対象性，という規定と，物質

的……マルクスの唯物論的歴史把握における，下部構造的・非「精神」的，という規定とは，区別されるべきである。「恋文」は確かに，「精神的」なもの，非物質的なもの，といってよい。だが，その恋文の運送（郵送）は，物質的な所為である。すなわち，商品の運送に限らず人間の運送も含め，「場所移動という有用効果」という商品は，非物的とは言え，物質的な商品なのである。このことは，いわゆるサービス労働は，自然を労働対象とするのではなく人間を労働対象としているので，目に見え・手でつかみうる物的（対象的）成果をもたらすことがないので，すなわち，物質的成果をもたらすことがないので，生産的労働ではない，それ故に価値を形成することはない，等の，金子・大吹的ないわゆる「通説」の瓦解を意味している。物的と物質的という規定の相違を見据えるならば，クリーニング，理髪，マッサージ，等々が消費者に商品として売買される場合，それらは，物的商品ではないが，物質的商品なのであって，その「洗濯」等の過程は，「個人的消費のための非物的商品」という商品の生産過程であり，そこにおいては価値が生産されることになるからである。

　これまでの立論を通じ，すでに，金子・大吹等の，いわゆる「通説」に対する批判はなされたと言いうるだろう。だがしかし，その批判は，非物的等の物理的・感性的規定と，非物質的という規定とを区別しえていない論者に対し妥当することであり，物的と物質的との間の区別を知っている論者に対し，妥当することではない。以下，章を改め，物的成果をもたらすかどうかという区別は価値形成の有無の判断には無縁のことである，だが，労働の成果が，物質的成果なのか非物質的成果なのかという区別等は，価値形成の問題を考える場合には重視されねばならない，とする諸見解を問題にしよう[18]。

18）なお，元稿の青才[2006]「マルクスのサービス概念」第3節F「金子「労働売買説」批判」(60-77頁)では，金子の論述そのものを取り上げてのより詳しい検討・批判を行い，そして，金子における微妙な説の変化を跡づけ，さらには，金子の論述の端々において，事実上，いわゆるサービス労働の価値形成を認めざるをえない内容になっていること等について詳細に述べておいた。

補論C 「資本(・収入)と労働との交換」なるもの

　[1] 本章で述べてきたように，多くの論者が，サービスにおいては労働が売買されると言っている。その理由の一端は，マルクスが，繰り返し，生産的労働の場合には「資本と労働との交換」がなされる，サービス (不生産的労働) の場合には「収入と労働との交換」がなされる，と言っていた点にある。もちろん，「資本と労働との交換」と言っても，資本家と労働者との間で「交換」(売買) されるものが，労働ではなく労働力であることは，すべての論者が認めてきた。そして，そのことは，本章第2節で述べたように，その対の規定である「収入と労働との交換」の場合にも，個人的消費者とサービス提供者との間で「交換」(売買) されるものが，労働ではなく労働力であることは，当然のこととして，共通認識となるべきはずだった。だが，通説においては，マルクスが，サービスの場合にはそこで売買されるものが労働力であることを明言した箇所が少ないこともあって，また，第3節で述べた，サービス=「労働の特殊な使用価値」というマルクスの規定の誤読の故もあって，サービスの場合には労働力ではなく労働が売買されると誤り解されてきた。問題は，労賃形態 (Arbeitslohn 労働の賃料 (価格) という形態) における，労働の売買という現象は，仮象 Schein であることを強調し，「資本と」・「収入と」「交換」されるのは「労働力」であることを熟知していたはずのマルクスが，なにゆえに，「資本と労働との交換」「収入と労働との交換」という言い回し (表現) をしたのかという点にある。以下，その点を考えてみよう。

　マルクスは，『経済学批判 (1861-1863年草稿)』のMs. Heft XXI, 1317-1330 (MEGA. II/3.6, S. 2159-2184) で，「k. 資本の生産性，生産的および不生産的労働」(表題はマルクスのもの) について述べている箇所 [当該部分はTh. I, S. 365-388に「補録」として収録] で，「資本と労働との交換」を論じている (以下，Heft XXI部分と呼ぶ)。以下，マルクスの論理を追っていこう。

　マルクスは，第「k」項の最初の3パラグラフで，前「i」項の・編集者が付した表題では「資本の下への形態 [形式] 的包摂と実質的包摂。過渡諸形態」に関する引用等を執筆 (MEGA. S. 2159-2160, Th. 未収録) した後，「社会的労働の生

産諸力はすべて資本の生産諸力として現れる」(Th. I, S. 365 [MEGA. S. 2160])等,「資本の生産性」につき述べる。そして,「次のことが問題になる。」と問題提起し,「どのようにして,または,なにによって労働は資本に対立して生産的に,すなわち生産的労働として現れるのか？」と述べ,後に当該部分に「労働能力は,その価値とその価値増殖との差異によって生産的なのである。」と書き加えている (S. 368 [S. 2166])。そして,その叙述以後,「生産的労働」という用語が頻出することになり,「生産的労働とは,直接に資本としての貨幣と交換される労働,または,それを要約した表現にすぎないが,直接に資本と交換される労働……である。」(S. 372 [S. 2169]) と規定する。そして,マルクスは,S. 373-375 [S. 2170-2172] で,以下のように述べている。「資本と労働との交換においては,……二つの契機を区別しなければならない」とし,「第一の契機」[＝「第一に。資本と労働との間の第一の交換は形態的な［形式的な］過程であり,資本はそのなかで貨幣として,また労働能力は商品として,役割を演ずる。」] と「第二の契機」[＝「第二に。資本と労働との交換の第二の契機（「労働者（が）労働（を）遂行する」「過程」）は,事実上,第一の契機とは無関係であり,厳密にいえばけっして交換ではない。」],との区別を述べる。そして,その直後,「ここ（「労働者（が）労働（を）遂行する」「過程」）では,事実上なんの交換も行われていないけれども,媒介を度外視すれば,結果は,この過程において——両方の契機を総括すると——,一定分量の対象化された労働がより大きい分量の生きた労働と交換されたことになる。」という。

以下の点に注意されたい。資本の運動 (G—W(A, Pm)……P……W'—G') に即して述べよう。① (G—W(A)) においては,「資本としての貨幣」と「労働能力」が「交換」される。労働ではなく,「労働能力」（労働力）と言っている点に注意。②資本の生産過程 (W(A, Pm)……P……W') は,「厳密に言えばけっして交換ではない。」「事実上なんの交換も行われていない」と言っている。③だが,「媒介を度外視すれば,結果は,この過程において——両方の契機を総括すると——,一定分量の対象化された労働 [＝W(A)＝労働力＝v（可変資本）,の価値] がより大きい分量の生きた労働 [W'内の,(v＋m) の価値] と交換されたことになる。」。わたくし的に変曲して言うと,「媒介を度外視」し,「結果」を見ると,資本（家）は,労働者に賃銀（労働力の価値）を渡し,（再生

産された可変資本)＋(剰余労働によって生産された剰余価値),を受け取るのだから,そこでは,結局,vと(v＋m)との「交換」がなされていることになる,というわけである。④上記③においても,すなわち,①の(G—W(A))の過程と②の(W(A, Pm)……P……W′)の過程との「結果」,「両方の契機(「第一の契機」と「第二の契機」)を総括」した場合でも,問題となっているのは,資本と労働との「交換」であって,けっして,資本家と労働者との間での「労働」の売買ではないという点に注意。

　[**2**] 以下,『要綱』から『諸結果』に至る,マルクスの「資本と労働との交換」論の変化を追ってみよう。

　筆者は,『経評』論文138-139頁(本書31-33頁)で,「資本の下での賃労働である限り,それゆえ資本家に利潤という形態で剰余価値の取得をもたらす限り,商業労働等の価値を生産せずそれゆえに剰余価値を生産しない労働も生産的労働だ,と主張」している「通説」を批判し,次のように述べた。「資本制的生産の直接の目的および本来の生産物は——剰余価値であるから,直接に剰余価値を生産する労働のみが」(Re. 208頁[MEGA. S. 108])「資本の立場」(Re. 209頁[MEGA. S. 109])からは生産的である。」と述べ,そして,「そもそも,マルクスが初めて意識的に生産的労働概念を使用したのは,『要綱』において貨幣の資本への転化を論ずる際にであったということを思い起こしてみる必要がある。そこでは,資本を価値増殖させる労働が問題とされている(Ms. 21-22, Gr. S. 183 [MEGA. S. 196-197])。もし,この生産的労働に,価値を生産せずそれゆえ剰余価値を生産することもない商業労働等が含まれているとすれば,マルクスの貨幣の資本への転化論は意味をなさなくなるだろう。」と述べた。以下,この『要綱』の記述を検討しよう。

　マルクスは,『要綱』の「貨幣の資本への転化」論において,「資本に対する対立物となることのできる唯一の使用価値は労働である。」と述べた後,「(……)」(括弧)で囲った「付論」を,マルクス自身が「私自身のノートへの心覚え Referate」で「生産的労働と用益給付 Dienstleistung としての労働。生産的労働と不生産的労働。A・スミス,等。(21)〔Gr. 編集者は「「(21)」はあきらかに(22)の書き誤りである」としている〕。ローダーデールの意味での泥棒と生産的労働。(21, 22)」(Gr. S. 953 [MEGA. II/2 には収録されていない])と「心覚

え」した「付論 Nebenbemerkung」を述べている。[なお，マルクスはこれらの「心覚え」の次には「資本と労働の交換での二つの異なった過程。(21)」と「心覚え」している]。以下，この「付論」を，「資本(・収入)と労働との交換」論との関連を睨みつつ問題にしよう。

　マルクスは，「付論」(Gr. S. 183-184 [MEGA. S. 196-197])の最初で，直前の「唯一の使用価値は，労働である。」という文を受け，「しかも価値をつくりだす労働，すなわち生産的労働である。この付論は，先取りして述べられており，これから展開してゆかなければならない。」と言う。『諸結果』(第1部第1稿)当時であれば，剰余価値論を総括するものとして位置づけられていた「生産的労働」論が，『要綱』では貨幣の資本への転化論に登場している，資本(産業資本)に対立する労働(生産的労働)として登場しているのである。ここ(付論)ではまだ，「資本と労働との交換」という規定はない。だが，用役給付(サービス遂行)に関しては，「単純な交換」「労働者が他の諸人格の貨幣と直接交換」「単純流通に属する，収入の消費 [当初「交換行為」と書き，後に「消費」と訂正] であって資本の消費ではない」等，サービス(不生産的労働)を事実上「収入と交換される労働」と規定している。

　そしてマルクスは，付論の次のパラグラフ(Gr. S. 185 [MEGA. S. 198])では，「……資本に対立する使用価値は，労働である。資本は，非資本，つまり資本の否定と関連する限りでのみ，交換される」と言い，次のパラグラフ以後，「資本と労働との交換……(の)二つの過程」を論じている。「資本と労働との交換を考察すると，この交換は，……次の二つの過程に分かれていることがわかる。／1) 労働者は，彼の商品でもある労働，つまり他の全ての商品と同じように，商品としてやはり一つの価値を持っている使用価値を，資本が彼に渡してくれる一定額の交換価値，一定額の貨幣と交換する。／2) 資本家は，労働そのものを，すなわち価値を指定する活動としての，生産的労働としての労働を交換で手に入れる。」と。すぐ後の箇所(Ms. 26, Gr. S. 193 [S. 205])で，マルクスは，「彼(労働者)が提供する使用価値は，彼の身体の能力 Fähigkeit, 力能 Vermögen [「労働力能 Arbeitsvermögen」] としてのみ存在する」と言っているのだからして，「(第一の)過程」で「資本」と「交換する」ものは，「労働力能(のちの用語法では労働力)」であることを知っていたはずであるが，ここでは

「労働」を「交換する」と言っている点に注意されたい。

　Th（『剰余価値に関する諸理論』）の「c　A・スミス」（MEW版では、「第3章　A・スミス」・「第4章　生産的および不生産的労働に関する諸学説」）では、例えば、「生産的労働と不生産的労働との間の……区別……。一方の場合には、労働が資本と交換され、他方の場合には、収入と交換されるのである。」（Th. I, S. 130 [MEGA. S. 447]）等、繰り返し、「資本と労働との交換」「収入と労働との交換」という言い回しがされている。

　［1］項で検討した、Th. I の「補録」部分「k. 資本の生産性，生産的および不生産的労働」（Ms. Heft XXI, 1317-1330, Th. I, S. 365-388 [MEGA. S. 2159-2184]）でも、「資本と労働との交換の」「二つの契機」、「労働と資本との二通りの交換」（S. 375 [S. 2172]）が論じられている。ただし、『要綱』の「二つの過程」論のように、「第一の過程」で労働の交換、というのではなく、「第一の契機」「第一の交換」では、労働能力が交換されると明言している点には注意されたい。

　さて、『諸結果』において、刊行された『資本論』には生産的労働論はないが故に、生産的労働論の最終形態をなすことになった『諸結果』の生産的労働論において、資本と労働の交換論はどうなっているのだろうか。マルクスは、『資本論』第1部第1稿「第6章　……諸結果」の「生産的および不生産的労働」で次のように述べている。「生産的労働のさらに詳しい諸規定は……。まず第一に、労働能力の所有者はそれの売り手として、すでに見たように不合理的に表現すれば、商品のでなく生きている労働の直接の売り手として、資本または資本家に相対する。彼は賃銀労働者である。これが第一の前提である。しかし、第二には、この先行的な、流通に属する過程を準備として、彼の労働能力および彼の労働は、生きている要因として資本の生産過程に直接に合体され……」云々と（Re. 210頁 [MEGA. S. 110]）。

　以下の点に注意されたい。

　（1）「第一に」「第二に」という言い回しから言って、この叙述は、一見「資本と労働との交換」論のように見えるが、「資本と労働との交換」の「二つの過程」（『要綱』）・「二つの契機」「労働と資本の二とおりの交換」（Th. I 補論, Heft XXI 部分）を問題にしている訳ではなく、「生産的労働のさらに詳しい諸規定」を与えているのであり、上記の引用した箇所の次のパラグラフでの言い回しを

使えば,「生産的労働」(成立)の「第一の条件」「第二の条件」を問題にしているのである。

(2)「資本と労働との交換」論ではないどころではない。マルクスは,(第1部第1稿(おそらくは第4章「絶対的および相対的剰余価値の結合」)[1]の労賃形態論で)「すでに見たように」,「生きている労働」の販「売」は「労働能力」の販「売」の「不合理的(な)表現」であると言っており,理論的には「資本と労働との交換」という概念自体を否定しているということができる。

> 1)(「商品」章と「貨幣または単純流通」章を含む)『経済学批判』の続きをなす『資本論』第1部「資本の生産過程」第1稿の編別は,以下のものだったと推定される(参照,原田三郎……刊行委員会編[1975] 55-56頁(服部文男筆))。
> 「第一章 貨幣の資本への転化
> 　第二章 絶対的剰余価値
> 　第三章 相対的剰余価値
> 　第四章 絶対的及び相対的剰余価値の結合
> 　第五章 剰余価値の資本への再転化　資本の本源的蓄積
> 　第六章 直接的生産過程の諸結果」

(3) だがしかし,マルクスは,上記(2)であるはずなのに,『諸結果』では,まだ,「自己の貨幣を収入としてこの労働と交換」,「自己のサービス(使用価値としての労働)を貨幣と交換する労働者」,「その労働は,収入とではなく,直接に資本と交換される労働として現れる」(Re. 210-213頁[MEGA. S. 111-112])等,使い慣れた言い回しをそのまま使っているが故なのか,生産的労働に関する『諸結果』の叙述は過去の草稿を見ながらそのrewrite稿としてなされているのでその過去の叙述に影響されているが故なのか,繰り返し,「資本(・収入)と労働との交換」という言い回しが登場する。リカード派社会主義の批判に見られるように,マルクスは,剰余労働を「不払労働」と規定すべきではないという理論的立場にありながら,ここ『諸結果』(Re. 215頁[MEGA. S. 113])においてもなお「不払労働」という言い回しをしているのと同様な事情があるのかも知れない。このマルクスの不注意な叙述は,サービスにおいては収入と労働とが交換されるという謬説を広める原因となったが故に残念でならない。

［**3**］筆者は,[1977]『経評』論文において,「収入と労働との交換」というマルクスの不生産的労働に関する規定を批判し,「マルクスのサーヴィス＝

「使用価値としての労働」という規定は，本来，女中労働等の，価値形成的要素としてではなく単に使用価値として購入された労働力の発現としての労働，すなわち，不生産的労働のことを意味していた。だが，『学説史』および『諸結果』当時のマルクスは，労働力の価値が労働の価格として現象する事態を批判的に解明する「労賃論」の未完成のゆえもあって，収入と労働力との交換によってその使用価値としての労働を譲渡するという事態を「収入と労働との交換」と表現したため，その本来のサーヴィスと，活動形態にある労働そのものとして現象する対象化された労働，すなわち，生産過程と消費過程とが感性的には分離されない非物商品＝有用効果とを，明確に区別することに失敗している。」(129-130 頁，ただし，下線は今回引いたもの，他は初出のママ。参照，本書 15-16 頁。)と述べた。だが，現在時点で振り返ると，下線部は誤りとは言えないとしても，不正確，少なくとも説明不足の感は否めない。説明を加えよう。

『経評』論文 [1977] 当時は，MEGA. II/3.6 は未発表であり，[1] 項で問題にした 1861-1863 年草稿 Heft XXI の生産的労働論の前に，Ms. Heft XX, 1288-1297[2)] [MEGA. S. 2098-2117] において，労賃に言及していることを知らなかった。だが，青才 [2006]「マルクスのサービス概念」(注 28) 52 頁) で述べたように，『学説史』第 4 章「生産的および不生産的労働に関する諸学説」部分 (Heft VII-IX) においてはそうではないが，すでに Heft XX [元稿では間違って「Heft XXI」と書いた] において，マルクスは，労働力の価値が「労働の価格」として現象する必然性を解明する「労賃形態論」確立に向けての大きな一歩を踏み出しつつあった」(本書 92 頁)。以下，この「労賃 (への) 言及」を見てみよう。

 2) マルクスは，当初，「1297」と正しく頁付けしていたが，それを間違って「1291」と読み，後にその誤りに気付き，a を付け加え，「1291a」と頁付けした。

マルクスは，賃銀につき，Ms. 1288 冒頭では，「当面の資本の分析ではあまり重要ではない」(MEGA. S. 2098) とし，「ここでは，……ついでに考察するだけ」(S. 2101) と言っていた。だが，労働時間に応じた賃銀，すなわち，時間賃銀の形態に即して，労賃 Arbeitslohn (労働の報償 Lohn der Arbeit) (参照，S. 2111) につき述べていく。そして，当該部分の最後のパラグラフでは，労賃形態においては「支払労働と不払労働の間の区別は完全に消し去られている」の

で「剰余価値は，実際，一つの目に見えない，神秘的な性質から説明する他はなく，不変資本［資本］[3]から導きだすほかはないのである。」(S. 2117) と言っている。この時点で，現実的な「時間賃銀」「出来高賃銀」については別としても，労賃（労働賃銀）形態論は，その「資本の分析（での）……重要（性）」から言って，『資本論』（「資本の一般的分析」）で説かれることになったと見ることができる。

> 3) マルクスは，「不変資本」と言っているが，「「資本の果実」としての利潤」という『要綱』以来の規定を考え合わせると，「資本」と言うべきだと思える。だが，マルクスが思考の赴くままに書いている当該部分では，その叙述の前にある機械論の叙述，労働の社会的生産力が，資本の，さらには機械の生産力として現象するという論述を踏まえ，「不変資本」と言ったのかも知れない。

マルクスは，この労賃論で，「労働の価値ないし価格（貨幣で表現された）は，労働能力の価値が現れる際の直接的な姿態である。事柄は，労働者にとっては，ある一定の貨幣額と引き換えに自分の労働を売る，というように現れ，資本家にとっても同様に，ある一定の貨幣額と引き換えにこの商品を買う，というように現れるのである」(S. 2111) とし，「労働の価値または労働時間の価格という……表現では，価値概念は完全に消し去られているだけでなく，それと直接に矛盾するものに転倒されている。」とし，それを「不合理な表現」(S. 2116-2117) と言っている。マルクスは，資本家と労働者との間での「労働」の売買なるものは，それ故，資本と労働との「交換」なるものは，労賃形態が取る「不合理な」現象（仮象）だと言っているのである。だが，「労働の価値……という……表現」は，「生産過程の必然的な結果として生ずる表現」(S. 2117) であるが故なのか，[2] 項で取り上げた Heft XXI の生産的労働論では，「資本と労働との交換」論を展開し，Heft XX の労賃に関する叙述を思い出しながら，「賃銀──労働能力の価値──は，以前に説明したように，直接的購買価格として，労働の価格として，現れるのである。」(Th. I, S. 373 [MEGA. S. 2170]) と言いながらも，「資本と労働との交換」論の末では，「労働と資本との二通りの交換が行われる。第一の交換は，労働能力の購買，そしてそれ故実際には労働の，それ故また労働の生産物の購買だけを表現する。第二の交換は，……云々」(S. 365 [S. 2172]) と言っている。Heft XX の労賃形態論は，「完成」したものとはとて

も言えないとしても，そこにおいてすでに，「労働の売買」・「労働の価格」という表現は「不合理」なものであることは十分認識されていたはずである。だが，マルクスは，ここで相変わらず，「資本と（・収入と）労働との交換」なるものを論じているのである。

　[**4**] 総括しよう。[3]項冒頭で引用したように，『経評』論文130頁で筆者は，「『学説史』および『諸結果』当時のマルクスは，労働力の価値が労働の価格として現象する事態を批判的に解明する「労賃論」の未完成のゆえもあって，収入と労働力との交換によってその使用価値としての労働を譲渡するという事態を「収入と労働との交換」と表現した」とマルクスを批判した。これまでの展開を踏まえると，「「労賃論」の未完成のゆえもあって」と言えるかどうか，微妙である。『諸結果』（第1部第1稿第6章）当時，①労賃形態論は，ほぼ第1巻初版と同レベルに達していたと考えられるがゆえに，「未完成」と言っていいかどうか微妙であり，②その『諸結果』において，なお，「資本（・収入）と労働との交換」という表現を残しているがゆえに，その「資本（・収入）と労働との交換」という規定が，「「労賃論」の未完成のゆえ」かどうか微妙である。だが，これまで見たように，労賃形態論の発展が，「資本（・収入）と労働との交換」論の否定を意味したことは確かである。(1)当初のGr.では，「資本と労働との交換」の「二つの過程」を問題にし，「（第一の）過程」では，「労働」ではなく「労働力」（この当時は労働力能）が「交換」されるはずであり，マルクス自身も，直後にそのことに触れているが，Gr.「二つの過程」論では，「労働を……貨幣と交換する」と言っている。(2)「1861-63年草稿」のHeft XX で労賃形態を論じた後に書かれたHeft XXIの「資本と労働との交換」の「二つの契機」論では，「第一の契機」においては労働能力が交換されると明言している。(3)そして，『諸結果』（第1部第1稿）では，「資本と労働の交換」論はなくなり，生産的労働の「二つの条件（前提）」が論じられているのであり，そこでは，「まず第一に，労働能力の所有者はそれの売り手として，すでに見たように不合理的に表現すれば，商品のでなく生きている労働の直接の売り手として，資本または資本家に相対する。彼は賃銀労働者である。これが第一の前提である。」(Re. 210頁 [MEGA. S. 110])と言っている。だがしかし，「資本（・収入）と労働との交換」という言い回しは，その後もしばし残るのだが……。(4)

なお,『資本論』第1巻初版では, 生産的労働＝剰余価値を生産する労働, という規定はあるが, 生産的労働＝資本と交換される労働, という規定は見られないと思える。しかし, それは, 積極的な, 生産的労働・不生産的労働論が初版では説かれていないが故にそうであるのか, 判断は難しい。

　以上の点を踏まえると, より正確には,『経評』130頁の文は,「マルクスは, 労働力の価値が労働の価格として (労働力の売買が労働の売買であるかのように) 現象する事態を批判的に解明する「労賃形態論」の意義を充分踏まえることなく, 収入と労働力との交換によってその使用価値としての労働を譲渡するという事態を「収入と労働との交換」と表現したため, ……云々」とでも訂正すべきなのかもしれない (参照, 本書16頁)。

　そして, もう一つ言っておこう。われわれは, マルクスの生産価格論・地代論等を問題にする場合には, それがいかなる時期のものであるかを当然考慮する。生産的労働論・不生産的労働 (本来のサービス) 論においても同様であるべきであり, その意味では, マルクス自身による最後の生産的労働論の展開である『諸結果』での論述, 部分的なものであるが,「学校教師 (は) 生産的労働者である」(K. I, S. 532) 等の, マルクス自身による最後の生産的労働の規定を重視すべきだろう。

補論D　金子説との対質における渡辺雅男説の特徴

　渡辺説は, 金子による肯定的「評価」の故もあって,「通説」の一翼を構成すると位置づけられることが多い。だが, 筆者は, そうは思っていない。以下, 特に, 金子説等のいわゆる「通説」との対比において, 渡辺説の特質を列挙しておこう。

　(1)（『渡辺』第2章, 初出, 1977. 6) を読めば以下のことがわかる。渡辺の「サービス労働」という概念は,「サービスとしての労働」(42頁) の簡略形, すなわち,「サービス (としての) 労働」の「(としての)」を略したものである。そして, その「サービス労働」は, そこで,「現物サービス」・「人的サービス」を問題にしていること (43頁) からもわかるように, 実質, 不生産的労働 (サービスβ) のことを意味していた。渡辺の場合, 労働の「サービスそれ自体」

（サービスα，「役立ち」としてのサービス）という形で，「サービスとしての労働」を導き出すが故に，サービスαとサービスβとの区別という点に関する強調はないが，「サービス労働（は）資本とではなく収入と交換される労働」(80頁）と言っているが故に，そうである。

(2) 上記(1)から出てくることだが，より重要なことは，渡辺には，筆者と同様，非物（質）的労働・成果等のサービス概念，サービスγ（金子の「サービスの一般的規定」）はない，ということである。だが，金子は，「大吹勝男氏，渡辺雅男氏が，Naturaldienst を一般的規定としてのサービス［サービスγ］の概念に含まれているとされているのに対し……」（『サービス』61頁）と言っている。「大吹氏」に関してはそう言ってもよい。だが，「渡辺氏」には，「一般的規定としてのサービス」というような素材的なサービス規定はないが故に，そう言うことはできない。一体どうして，渡辺が，存在しない「一般的規定としてのサービス」なるものに，Naturaldienst を含めることができるのだろうか。また，金子は，「一般的規定としての Dienst（サービス）……すなわち，渡辺のいう「サービスそれ自体」」(63頁）とも言っている。「渡辺氏のいう「サービスそれ自体」」とは，サービスαのことであり，それは，サービスγ（金子の言うところの「一般的規定としてのサービス」）とは，全く別のものである。金子は，随所で，渡辺説を評価している。だが，その「評価」は，サービスγというようなサービスはないという，渡辺説の根本を理解しないままのものでしかない。

(3) 上記(2)を踏まえ，渡辺は，サービスγ（かつての金子の規定では，いわゆるサービス）を重視する金子説を批判する。

1) 渡辺は，「サービス労働を非物質的労働に等しいものと考え」る（『渡辺』60頁）誤りの例として，注(62頁)で，金子の叙述(『生産的労働』112-113頁，148頁）を引用している。金子においては，物的と物質的との区別がないが故に，この金子の叙述は，同時に，「サービス労働を生産物の形態（対象的［物的］または非対象的［非物的］形態）にもとづいて規定する誤り」(『渡辺』61頁）の例でもあるだろう。

2) また，渡辺は，「一方で，サービスとしての労働が収入と交換される労働であるとする，マルクスの……規定［概念転回以前の，金子の「ほんらいのサービス」］を遵守しながら，他方で，それが賃労働化し，その結果，サービ

スとしての労働が資本（たとえばそれが［いわゆる］サービス資本であっても）と交換される場合を，マルクスから離れて想定することは，そもそも自己矛盾である。」(79-80頁)と言い，そして，その文に対し，以下のように注記し批判している。「金子……氏は，マルクスの規定にそって「ほんらいのサービス」（金子）［サービスβ，現金子の用語法では「形態規定としてのサービス」]，……をいったんは措定しながら，しかし，すぐそれから離れて，「いわゆるサービス」（金子）［サービスγ，現金子の用語法では「一般的規定としてのサービス」]……を議論の出発点とされている［金子『生産的労働』111頁（渡辺は117頁と表記しているが，111頁の誤植と思われる）]……。」(『渡辺』81頁)と。その他，渡辺が，非物（質）的労働＝サービス労働等の通俗的なサービス概念を批判するとき，名を挙げないとしてもその批判の矛先は金子に向けられている，という点に注意されたい。

(4) 渡辺において，サービス労働という概念は，人間を対象とした労働，物に対象化されるのではない労働，「労働自体とは区別される客体的な成果，生産物」を生み出すことがない労働等の，感性的規定とは無縁なものであるが故に，また，物質的・非物質的等の素材的規定とも無縁なものであるが故に，渡辺は，金子・大吹等とは異なり，躊躇なく，「非物的生産物」（「非対象的形態」にある「生産物」(『渡辺』61頁))，「非物質的労働の生産物」(76頁)の存在を是認する。従来の（いわゆる）サービス労働は価値を形成するのか形成しないのか，という論争においては，（いわゆる）サービス労働は「生産物」を生産すると言ってよいのかどうか，という問題がその焦点をなしていた。そして，金子・大吹等のいわゆる「通説」に立つ諸論者は，（いわゆる）サービス労働は「生産物」を生産する労働ではない，と言っていた訳である。この点を考えるとき，非物質的労働において価値の形成を問題にすること自体ナンセンスだという結論(77頁)だけを見れば，いわゆる「通説」と映ずる渡辺説は，素材的・感性的規定に固執する，いわゆる「通説」とは異なる位相において主張されているものである，ということができるであろう。

(5) 金子は，『サービス』34頁において，渡辺説を紹介した後，「［渡辺氏は，］結局，サービス労働が価値を形成しない根拠を，収入によって買われるところの消費過程における消費過程に係わる労働というサービス労働の本性そ

のものに求めた。」と述べている。だが，ここで言われている，渡辺「サービス労働」概念は，上記(1)で述べたように，また，金子の論述内の「収入によって買われるところの……労働」という叙述に現れているように，サービスβ（不生産的労働）のことを意味していたのであって，いわゆる「通説」の代表者としての金子説におけるように，非物（質）的労働等の意味での，サービス労働ではない。そもそも，金子も，上記の叙述（初出，1984. 5）以前の論考（初出，1978. 11）においてすでに，「拙著［金子『生産的労働』］の批判者も，……，ともかく私のいう本来のサービス［サービスβ，不生産的労働］は価値を生まないとされており，その点について見解の対立はない。」（『サービス』9頁）と言っていたのであって，不生産的労働者も「労働」を売る・そしてその「労働」がそれ自体価値である等の赤堀説，不生産的労働者も消費者の労働力の価値を形成する等の斉藤説等を除き，(いわゆる) サービス労働価値形成説の諸論者，すなわち，中西，渡辺多恵子，石倉，馬場。説転回 Umschlag 以前の刀田等全ての論者が，サービスβ（不生産的労働）は，消費過程における労働であり価値を形成することはない，ということを明言していたのであって，金子が，渡辺雅男説を自説の補強となりうると思ったのは，渡辺説の根本を理解せず，サービスβである渡辺「サービス労働」を，サービスγである金子「サービス労働」と混同したが故であるにすぎない。

補論E　金子におけるサービス概念の転回

　これまでも触れてきたが，金子は，途中から，サービス概念の名称を変えている。サービスβ（不生産的労働）を，以前には「本来のサービス」（「ほんらいのサービス」と表記している箇所もあるが，以下，引用部分等を除き，「本来のサービス」と表記する）と呼んでいたが，1985年以降では，「サービスの形態規定」と呼んでいる。そして，サービスγ（非物質的労働等）を，以前には「いわゆるサービス」と呼んでいたが，1985年以降では，「サービスの一般的規定」と呼んでいる。以下，本補論では，この金子におけるサービス概念の転回 Umschlag を跡づけることにする。そして，それは同時に，金子を代表者とするいわゆる「通説」批判を意味することになるだろう。

A期　金子『生産的労働』[1966]

　金子は, [1966]において,「本来のサービス」という概念と「いわゆるサービス」という概念とを提起した。だが, それは,『生産的労働』で説かれた金子説にとって枢要なものではなかった。そのことは以下の点に現れている。

　(1)『生産的労働』は, 第二章を除き, 金子が, 1959-64年に公表した論文を所収したものだが,「本来のサービス」・「いわゆるサービス」という用語(以下, 二つのサービス, と呼ぶ)は, 第三章[初出, 1964.12], 第二章[書き下ろし, 故に, 初出, 1966.10]において登場するのみである。

　(2) さらに, 二つのサービスの登場回数は少なく, 双方合計しても, 一桁の箇所(パラグラフ等)でしか使われてはいない。圧倒的に多いのは, サービス労働(＝非物質的労働)という用語である。

　(3) また, 上記(2)で述べた登場箇所においても, 二つのサービス概念を対比した箇所は少なく, それは, (a)110-111頁と(b)179頁においてのみである[以下, 箇所(a)・(b)と呼ぶ]。そしてまた, 箇所(a)は本文ではなく注であり, 箇所(b)も本文ではなく,「付表」内において, さらには,「所得と交換される労働(本来のサービス)」,「物質的財貨を生産しない労働(いわゆるサービス)」[1]という形で, すなわち, 付加説明的に(……)に括られて登場するにすぎない。

> 1) 箇所(b)の付表においては,「いわゆるサービス」の内に,「商業」・「金融業」を含めている。だが, 金子は, 箇所(a)の注では,「「いわゆるサービス」のほかに,「純粋な流通過程にたずさわる労働」をふくめ」た場合には,「「いわゆる広義のサービス」と呼ぶ。」と言っており, この相違は, 箇所(b)[1964]と箇所(a)[1966]との時期的差異, それ故に, 発展・厳密化と捉えることもできる。問題はその先にある。箇所(a)で, 金子は,「一般には, サービスという範疇が,「物質的財貨に対象化しない労働」一般……と同義語にもちいられることもある。」と言ったのちに, 上述の規定を与えている点に注意されたい。すなわち, 金子は, この二つのサービス概念を, マルクスにおける二つのサービス概念と語っているのであるが[参照箇所(a)(『生産的労働』110頁), 金子『サービス』7頁, 33頁, 等々], 金子における「いわゆるサービス」概念の実際の誕生(箇所(b), 1964年)においては, マルクスのサービス概念に依拠してなく,「[世間]一般には, サービス」は, という叙述に現れているように, 俗に通用しているサービスという用語, それ故に, 通俗的なサービス概念に依拠したも

のだったのである。誤解のないように言っておこう。われわれは，そのことを，金子が，世間一般にはそう言われている，通俗的にはそう言われているという理由から，非物質的労働等を「いわゆるサービス」と表現していることを批判しているのではない。筆者は，むしろ，1964年（箇所(b)）における規定を，そのいわゆるという形容も含め評価されるべきだと言っているのである。そして，1966年（箇所(a)）における非物質的労働等をマルクスのサービス概念だとしている点を，さらには，1985年以降は，「いわゆるサービス」とは言わず，それを「サービスの一般的規定」に変えたことを批判しているのである。

　上記(1)・(2)・(3)で述べたことは，金子説自身にとっても，二つのサービスという論点が説構成上重要な概念とはなっていなかった，ということを意味している。そして，そのことは，同時に，諸論者が，金子『生産的労働』を読み，『生産的労働』金子説を把握・検討する際に，この金子の二つのサービスに関する指摘に注意を止めることはなかった，気づかなかった可能性をも意味していた。生産的労働論・サービス労働論に関し，多くの論考をものしている渡辺多恵子――当然，金子『生産的労働』を読み・検討しているはずの氏――が，金子が，「1966年に，すでに」，本来のサービス（サービスβ）といわゆるサービス（サービスγ）とを「区別して」いることに，初めて気づいたかのような論述を，筆者の『経評』論文［1977］・金子［1978.11］を参照しつつ書いた論考［1982］において述べている（97-97頁）のを，そのことの証左と捉えることができるであろう。

　『経評』論文は3節からなるが，冒頭節の表題は「本来のサーヴィス」と「いわゆるサーヴィス」であり，また，筆者は，箇所(a)の金子の指摘（『生産的労働』では，二つのサービスの定義・説明を与えた唯一の箇所，110-111頁，注4））の大半を引用し，「評価」し，「この［金子の］用語法を採用」することにした（133-134頁，本書17頁参照）――正確には，金子の「いわゆるサービス」を「いわゆるサーヴィス労働」という用語に変更してだが――。もしかすると，この『経評』論文［1977］を契機として，この金子の「二つのサービス」概念は，学界で流通することになったのかも知れない。管見・記憶のかぎり，『経評』論文以前において金子の二つのサービスにつき言及した論文はない。

B期　金子『サービス』序論第1章・第2章

　ここで，金子「二つのサービス」概念は，金子論文・金子説にとって構成的な概念として浮上する。だが，その内部においては，違いがある。

　B-a期　序論第1章（初出，1978.11）

　第1章では，3節の内の1節を割いて，二つのサービスについて論述している。だが，後述する第2章と比較したとき，金子『生産的労働』同様，「本来のサービス」が副・従，「いわゆるサービス」の方が主，とされている感は拭えない。

　B-b期　序論第2章（初出「〈研究と論争〉生産的労働と不生産的労働」（富塚編『資本論体系7』有斐閣），1984.5）

　第2章では，「本来のサービス」の方が主となる。いや，それ以上である。第2章［第］4［節］後半（33-35頁）を見ると，以下述べるように，あたかも「いわゆるサービス」は通俗的なサービス概念であるが故に消し去るべき，と考えているかのような叙述となっている。詳述しよう（(1)～(5)）。

　(1) サービス概念を「本来のサービス」に限るべき，という叙述。若干省略形での引用ではあるが，その点を示しておこう。「マルクスのサービス概念を再検討し，それは厳密には金子のいう「本来のサービス」と把握されるべきである……とする研究」，「井田喜久治氏［1967］，松村一隆氏［1969］，世利幹雄氏［1970］が，……マルクスのサービス概念はもっぱら金子のいう「本来のサービス」として把握されるべきであるという見地を提示」，「渡辺氏，大吹氏に先立って，サービスの概念を金子のいう「本来のサービス」として把握する必要を論じた論者は，古賀英三郎氏［1975］である」等々。サービス概念は，「厳密には」「もっぱら」「本来のサービス」（不生産的労働）に限るべきだと言っている[2]。

　　2) この金子によるサービス概念に関しての諸説サーベイは，極めて「おかしな」ものである。金子がここで列挙した諸氏は，渡辺・大吹を除き，金子説に言及することはあるとしても，金子「本来のサービス」には一言も触れていない。そして，渡辺・大吹の金子の「本来のサービス」への言及は，筆者の『経評』論文［1977］以後のことである。そうであるにも拘わらず，金子は，しっかり金子「本来のサービス」に言及し，「マルクスのサービス概念を再検討し，それは厳密には金子のいう「本来のサービス」と把握されるべきである」・「マルクス

のサービス概念はもっぱら金子のいう「本来のサービス」として把握されるべきである」とした筆者の『経評』論文，「サービスの概念を金子のいう「本来のサービス」として把握する必要を論じた」筆者の『経評』論文に関しては一言も触れていない。極めて「党派的」なサーベイだといわざるをえない。

(2)「いわゆるサービス」を通俗的な規定として否定するかのような論述。

『サービス』序論第1章における，金子の「いわゆるサービス」の規定は以下のものであった。「［マルクスの］第2の意味では，サービス［いわゆるサービス］とは，……，物質的財貨の生産過程にたずさわる労働と対立し，「純粋な流通過程」にたずさわる労働と区別される意味での，人間を対象とし，人間に働きかけ，したがって物質的財貨を生産することをとおしてではなく直接に人間の欲望を充足させる労働のことである。」(7-8頁)

ところが，第2章(33-34頁)では，そのような「いわゆるサービス」は「通俗的なサービス概念」だと批判されている。その点を示しておこう。

・「従来から多くの論者が，とかくサービスを物に対象化しない労働または非物質的生産に従事する労働とみなす［——と，みなしていたのは，上引した叙述を見ると，他ならぬ金子自身だと筆者には思えるのだが——］通俗的なサービス概念にとらわれがちであった。それにたいして，……」
・渡辺の説の内容を肯定的に紹介し，次のようにいう。「［渡辺氏は，］サービス労働を非物質的労働と同一視する通俗的な理解を退ける」，「渡辺氏は，サービス労働の概念は「収入と交換される労働」としてのみ把握されるのであって，「サービス労働が資本に包摂されうる」という見解は成立し得ない（とする）」と[3]。
・これも肯定的に，「古賀氏は，……，サービスと「非物質的生産物」とを同一視しているナビィル……などの見解を批判した。」と言っている。

 3）この金子による渡辺説の肯定的紹介は，極めて皮肉なものとなっている。その全てが，前補論Dで述べた，渡辺の金子説批判部分（『渡辺』60-61頁，79-81頁）からの肯定的紹介であり，この金子による渡辺説の肯定的紹介を額面どおりに受け取るならば，金子は，ここで，旧来の自説はとりわけサービス概念に関し誤っていたということを自ら表明している，自己批判していることになるからである。

(3) 上記(1)(2)と関連したことなのであろう，金子は，第2章[第]1[節]において，「サービス労働」という用語を用いるとき，必ず，その前に，「本来の」または「いわゆる」という修飾語を付している。このことは，それ以前においては，「本来のサービス」の場合には「不生産的労働」と言い，単に「サービス労働」という場合，その大部分はサービスγ（いわゆるサービス労働）のことであった，ということを考えるとき，大きな変化と言わざるをえない。このような表現は，以前にはないだけではなく，以後もない。その意味では，B-b期，金子『サービス』序論第2章は，金子説において特異な位置を占めている。

(4) この上記(3)の「特異性」，上記(1)(2)の主張は，おそらくは，金子『サービス』33-34頁において肯定的に評価・支持している，渡辺・大吹説の影響の下になされたものであろう——筆者の見るところ，渡辺・大吹両名の説はその根本において大きく異なるのだが——。大吹は，「収入と労働との交換」というサービスβ（＝不生産的労働）の規定・表現——サービスβ（不生産的労働）においては，収入と労働力が交換されるのだから不正確なそれ——によって，サービスγをも包含しようとしている。この大吹説に従えば，金子の「いわゆるサービス」も，金子の「本来のサービス」に形式的には包含されることになる。「いわゆるサービス」（サービスγ，いわゆるサービス提供 b・c）でも，——そこでは，「収入と」「労働」生産物（有用効果・非物的商品）が「交換」されるにも拘わらず——「収入と労働との交換」がなされると捉えるならば，そうなる。とすると，すなわち，サービスβにおいては労働力ではなく労働が交換される，そして，サービスγにおいても労働生産物ではなく労働が交換される，という二つの誤りが重合すると，事態は，サービスβ＝「収入と労働との交換」で，その全てを語りうることになり，そして，人間を対象とする労働・非物質的労働等の素材的・感性的（通俗的）な「いわゆるサービス」の消去が可能となる。筆者には，この点において，B-b期における，サービス概念はサービスβに限るべし・サービスγは「通俗的」という，金子説が成立したものと思われる。

(5) 筆者は，『経評』論文133-134頁（本書17頁）で，箇所(a)（金子『生産的労働』110-111頁注4)）の大部分を引用したのち次のように述べた。

「第一のサーヴィス概念と第二のサーヴィス概念との区別という論点，およ

び，前者を「ほんらいのサービス」と呼び後者を「いわゆるサービス」と呼んでいることからもわかるように，[ここでは]前者の規定を本質的とされている点は評価されねばならない。本稿においてこの用語法を採用したのもそのためである（行論上，本稿では，金子氏のいわゆるサーヴィスのうち，本来のサーヴィスと重なり合わない部分のみを特にいわゆるサーヴィス[労働]と呼んでいるが）。だが，氏においては，両者ともに価値形成的でないとされたため，せっかくの区別が生かされていない。本稿の課題は，この区別〔が〕価値形成上の区別[であることを]明らかにするところにある。」と。

　上記の引用部分において言いたかったのは，以下（1)～4)）のことである。

　1) 従来のサービスという用語においては，マルクス「ほんらいの」のサービス概念と，通俗的なサービス概念とが混同されていた。それ故に，「ほんらいのサービス」と「いわゆるサービス」との「区別という論点」は「評価されねばならない。」

　2) 金子は，サービスβを「ほんらいのサービス」と呼んでおり，サービスγを「いわゆるサービス」と呼んでいる。上記1)で述べたことであるが，サービスγに対しては「いわゆる」という蔑称をつけている点，サービスβには「ほんらいの」という尊称を付している点において「評価されねばならない」とした。

　3) 金子『生産的労働』におけるサービス概念は，その大部分が——箇所(a)（110-111頁，注4)）を除くとほぼ全てと言ってもよい——，「いわゆるサービス」である。それ故に，筆者は，上記1) 2)で述べたことを顕揚するために，「この[金子の]用語法を採用した」。すなわち，「本来の」「いわゆる」という金子が自ら付している修飾語は，「いわゆる」の側に依拠している金子説，いわゆる「通説」を解体するものであると考え，「この[金子の]用語法を採用した」のである。

　4) そして，これまで述べてきた「本来のサービス」と「いわゆるサービス」との区別を踏まえると，マルクスが前者に即して述べた，サービスは価値形成的ではないという規定は，後者，「いわゆるサービス」・サービスγ・非物（質）的労働等には——「区別」があるのだから，同じくは——適用できないということを意味している。「[金子]氏においては，両者[二つのサービス]ともに

価値形成的でないとされたため、せっかくの区別が生かされていない。本稿の課題は、この区別［が］価値形成上の区別［であることを］明らかにするところにある。」と述べたのも、その謂においてである。

筆者は、金子『サービス』序論第2章を読んだとき——正確には、金子[1984]を読んだとき——筆者の「思い」は半ば実現されたと感じた。何故ならば、上記(1)(2)(3)で述べたように、金子は、サービス概念はサービスβに限るべし・サービスγは「通俗的」、と言っているからである。とすると、そのことは同時に、価値形成に関しての金子説（いわゆる「通説」）に根本的反省を迫ることになる。すなわち、サービス概念における区別（上記(5)の1) 2) 3)で述べた区別）を踏まえると、——4)で述べたように——「本来のサービスが価値非形成的」だ、ということは、それと「区別」された、いわゆるサービス労働の価値「非形成」を何ら根拠づけるものとはなりえないことになるからである。

炯眼なる金子は、このことを認識したのであろう。「本来のサービス」に限るべし・「いわゆるサービス」は通俗的な概念として消去すべし、という説は、それまでの金子『生産的労働』で述べた自説、本来の金子説を解体するものであることを知ったのであろう[4]。それ以後、この「正しい」説から後退し、旧来の金子説、いわゆる「通説」に回帰することになる。

4) 因みに、筆者は、金子氏より、金子[1984]の恵投を受けた時の返礼の手紙、「不一」の手紙で以下のように述べた。「(金子)先生が「本来のサービス」と「いわゆるサービス」との区別を強調されればされるほど、また、私、渡辺雅男氏、大吹勝男氏、渡辺多恵子氏等のある意味では先生の問題提起を生かした見解、すなわち、本来、サービスとは女中労働等の「所得と交換される労働〔力の発現としての労働〕」である、それ故、不生産的労働、消費過程における労働、価値を形成しない労働である、——という見解が賛同者を獲得すればするほど、ますます、先生の与えられたサービスの2区分は、本当は価値非形成的労働と価値形成的労働の区分でもあるということが明確になるのではなかろうか、という感じを持っています。その意味では、先生の与えられた「本来のサービス」と「いわゆるサービス」との区分は、両者ともに価値を形成しないとされている先生が思っておられる以上に重大な区分、いわば、金子説（物質的生産労働価値形成説）を批判しうるだけの内実を持った正しい区分であると思います。その意味では、青才説の位置は、いわば金子説的概念装置を用い

ての金子説批判,ということになる訳です。」と (1984.6.8筆)。

C期　金子『サービス』本論

　金子『サービス』本論には,1985年以後公表した論文が収められている。そして,本論第1章 (初出,1985.7) において,金子サービス概念は転回 Umschlag することになる。以下,その「転回」を示しておこう。(a)～(d)で詳述する。

　(a)「本来のサービス」から「形態規定としてのサービス」への,また,「いわゆるサービス」から「一般的規定としてのサービス」への,用語の転回。その結果,「本来の」という語と「いわゆる」という語が持つ合意——前者は正しく,後者は誤りという含意——,その金子説解体的合意は,その用語の変更・転回によって,回避・消し去られることになった。

　(b) そして,再び——旧来の金子説に回帰したのだから,当然のことであるが——,サービス γ (転回以前の「いわゆるサービス」,転回以後の「一般的規定としてのサービス」) が優位を占めることになる。そのことはまた,B-b期 [1984] とは異なり「サービス労働」という概念は,もっぱら,サービス γ の意味において,または,実質サービス β を包含したサービス γ のこととして述べられることになる。

　(c) 正しい規定から転回したのだから,ある意味では当然のことであるが,概念の転回以後,金子は,「一般的規定としてのサービス」と「形態規定としてのサービス」という概念構成が持つ矛盾・齟齬に苛まれることになる。金子『サービス』第2・3・4章は,その矛盾・齟齬の記録と言っても過言ではない。そして,この矛盾・齟齬は,とりわけ,「現物サービス Naturaldienst」の取り扱いにおいて表出することになる。以下 ((1)～(4)),詳論しよう (参照,『サービス』61-63頁)。

　(1) 料理等の現物サービスは,金子のいうように,「本来のサービス」(現金子の用語法では「形態規定としてのサービス」) の内,理髪等の人的サービス persönlicher Dienst ではないサービスのことである。「一般的規定としてのサービス」は,その一般的という規定からして,当然のこととして,特殊規定をなす「形態規定としてのサービス」を含む,それ故,その「形態規定としてのサービス」の一部をなす現物サービスを含むと思われるが,金子はそうではない

と言う。サービス概念転回による矛盾・齟齬はまず第一に，この点に現れ出ている。

(2) 金子は，「一般的規定としてのサービス」とは，かつて自分が「いわゆるサービス」と呼んだものだと言い，そして，その「いわゆるサービス」を金子はかつて「人間を対象とし，人間に働きかけ，したがって物質的財貨を生産することをとおしてではなく直接に人間の欲望を充足させる労働のことである」(『サービス』7-8 頁)と言っていたのだから，「物への対象化によって消費者の消費に当てられる使用価値をつくりだす場合のDienst……「現物サービス」……」(62 頁)は，金子の立場からすると，「一般的規定としてのサービス」ではないこととなる。だが，金子は，「現物サービス」の一部は，「一般的規定としてのサービス」だという。

(3) 上記(1)(2)の帰結として，金子は63頁で「現物サービス」を二つに分け，その一部〔1〕は，一般的規定としてのサービスであり，その一部〔2〕は，一般的規定としてのサービスではなく本源的規定としての生産的労働だという。「私〔金子〕は，サービスの一般的規定を与えるという観点からみれば，Naturaldienstは，次の2つの種類に大別できると考える。〔1〕消費財(生活手段)の「消費費用」であるDienst(サービス)，すなわち，〔1-a〕消費財を継続して消費可能な状態に維持する労働——洗濯，掃除，修理など——と〔1-b〕消費財を現実に消費可能な状態に加工する労働——料理，調合など——，および〔2〕消費財(生活手段)をつくるDienst(サービス)——着物の仕立て，物置の組立てなど——である。」と。

上記(2)的な区別，物を対象としているのか，人間を対象にしているのかという素材的・感性的区別なら，まだしもイメージできるが(正しい規定ではなくあくまで「イメージ」の問題)，一体全体，〔1〕(金子いうところの「一般的規定としてのサービス」)と〔2〕(金子いうところの「本源的規定としての生産的労働」)との学的区別は可能だろうか。詳述しよう(①〜③)。

①「外回りの裁縫師」に，着物の破れを「修理」・修繕して貰ったら〔1〕で，買った布で着物を「仕立て」て貰ったら〔2〕(生産的労働)だ等の区別が本当に可能なのだろうか。敗れた和服の再利用(「修理」)がワンピースの「仕立て」という形でなされたとした場合，それは，〔1〕(サービス)なのだろうか。それと

も，〔2〕（生産的労働）なのだろうか。

　②本章第6節で述べた「炊飯」「肉焼き」問題を思い出しつつ，雇われ料理人による「料理」を問題としよう。金子は，「料理」は〔1〕だという。だが，料理人が，おいしいライス・ステーキを「料理」するために，米作，牛の飼育も自分で行ったとした場合，その米作・飼育は，〔1〕なのだろうか，それとも〔2〕なのだろうか。金子は，米・牛肉を作っている，「消費財」を作っているのだから，〔2〕と言いそうだが，家庭内での消費の一段階をなす現物サービスの一部が（本源的規定としての）生産的労働ということはありえず，米作・飼育も含め，全てサービス，本来のサービスなのである。

　③金子は，現物サービスの〔2〕「着物の仕立て，物置の組立てなど」は，「消費財（生活手段）をつくる Dienst（サービス）」であり，そして，それは，「本源的規定としての生産的労働」だという。それ自体消費過程である現物サービスの内，感性的・素材的イメージから，「着物の仕立て，物置の組立てなど」は，（本源的規定としての）生産的労働だとする金子説は，結局，消費は生産だと言っているのであって，矛盾，ここに極まれりである。

　経済学的規定は，経済的形態規定として与えられるしかない。金子は，「消費財」という規定を，素材それ自身が持つ規定と捉えたのか，現物サービスによって「仕立て」られた「着物」，「組立て」られた「物置」を，「消費財」だという。だが，消費財の経済学的規定は，経済的形態規定として与えられるしかない。金子も，マルクスの再生産表式における第II部門に属する商品を消費財（マルクスの規定そのものでは消費手段）と規定することであろう。とすれば，「着物」・「物置」が商品として購入された場合にそれらは消費財（消費手段）なのであって，金子〔2〕の場合，現物サービスによる「着物の仕立て，物置の組立てなど」の場合には，学的規定としては，商品として購入された，着物を仕立てるための布，物置を組み立てるための板等が，消費財（消費手段，生活手段）なのであり，「着物」・「物置」は，布・板等の消費手段の消費過程の一段階をなすにすぎないのである。

　金子は，現物サービスの〔2〕を，「消費財（生活手段）をつくる Dienst（サービス）」だと言っている。金子にとって，〔2〕は（本源的規定としての）生産的労働なのだから，上記引用文中の「つくる」は，生産する，でもよかったはず

である。だが，金子は「生産する」とは言わず，「つくる」と言っている。そこで「生産」と言っては，金子説は，結局，現物サービスという消費は生産である，というナンセンスな主張だということが顕わになってしまうことを感じ，避けたのかもしれない。

(d) そもそも，「一般的規定としてのサービス」というものはありえず，その用語を使う限り，矛盾・齟齬に苛まれることになるのである。学的概念としてあるのは，「本来のサービス」のみなのである。「本来のサービス」は，収入と交換される労働力の発現であるが故に，形態規定であるしかない。それ故か，その「本来のサービス」を，金子は「形態規定としてのサービス」と呼ぶ。だが，「本源的規定としてのサービス」という概念は成立しえないが故に，それとの関連において問題となる「形態規定としてのサービス」と表記すべきではない。そして，非物（質）的労働等の・通俗的なサービス概念通用のなかで，その過てるサービスを指し示す必要があるときには，世間「一般」ではそう呼ばれているという意味で，「いわゆる」を冠するのが適当な通俗的呼称，すなわち，「いわゆるサービス」「いわゆるサービス労働」という呼称を用いるべきなのである。

本補論で述べた，金子サービス概念の転回とは，もちろん，金子［1984］から金子［1985］への転回，「本来のサービス」→「形態規定としてのサービス」，「いわゆるサービス」→「一般的規定としてのサービス」，という用語の「転回」の謂である。だが，金子説のという意味では，氏は本質的には何ら転回しておらず，一時期（B-b期，1984年）に，正しい，それ故に，氏にとって自説解体的意味を持つ叙述をなした，というだけのことだったのかも知れない。その意味では，用語の「転回」によって，一時期（B-b期，1984年）に到達した高みから「転」じ，旧来の自説に「回」帰しただけのことだったのかも知れない。この辺のことは，なぜ用語を変えたのですかと，当事者である金子氏自身に聞くしかないことであろう。

第 5 章　非物質的生産における価値規定，
　　　　そして「不確定性」の問題

　まず，第 1 章で述べたことであるが，物質的という概念の意味内容を，物的という規定との関連において述べておこう。

　筆者は，『経評』論文で，「商品規定（が）[――本源的意味での生産的労働の規定，労働による価値規定等も――] ……物質的かつ物的な商品を抽象の基礎としてえられたものであ（り）……それは，それ自体根拠ある抽象である。」(137頁) と述べたのち，それに注(5)を付し，以下のように述べた (141-142 頁，本書 29-30 頁)。

　「物質的 material という概念と物的 dinglich という概念を，マルクス自身が常に明確に区別していたというわけではないが，(われわれとしては) 両者を一応区別して考えるべきであろう。物質的生産とは，政治的・宗教的・観念的 [・精神的]「生産」等総じて上部構造という概念に対立したものであるのに対し，物的とは感性的・物理的な対象性を意味する。」と。そして，マルクスが意を凝らして，物質的という規定と物的という規定とを区別している箇所を参照し，「絵画等の物的成果をもたらす芸術労働は物的生産であるかもしれぬが，それは「非物質的生産」である (参照, Th. I, S. 385 [MEGA. II/3.6, S. 2182])。人を輸送する労働は，たとえ，労働者および消費者と分離しうる物的成果を残さないとしても「物質的生産」である (参照, Th. I, S. 387 [MEGA. S. 2183])。」と述べた。

　(a) 渡辺は，物的 (氏においては多くの場合は，対象的) という規定と物質的という規定とを明確に区別し，そして，補論 D の(4)でも述べたように，非物的「生産物」，非物質的「生産物」という概念を是認している。それ故に，価値形成の有無の問題に関しても，氏のアプローチは，(物的)「生産物」を生産するかどうか等という，金子・大吹等のいわゆる「通説」とは別個のものである。そして，渡辺は，「非物質的労働は価値を形成するか，という設問にたいしては，非物質的労働生産物への価値規定の適用そのものが無意味である [と言うべき]」(『渡辺』77 頁) と言っている。[「適用そのものが無意味である」と言

っているのであり，価値を形成しないと言っている訳ではないという点に注意されたい。]

(b) 但馬は，必ずしも，物的と物質的との区別を意識してはいない。だが，『増補』では，サービスという概念を，物(質)的成果を生むかどうかによって与えるべきではない，と言っており，その観点から，価値形成の有無の問題にアプローチしている。氏は，山口重克の見解からヒントを得[1]，次のように言っている。「刀田のいう生産物の場合，その社会的労働性[社会的労働量規定？]こそが問題なのである。その生産物において，投入労働時間と成果の獲得量の間に一定の比例的関係が恒常的に成立している[山口的表現では，「技術的確定性」がある]といえるのか否か？ いい換えれば，その部門に社会的必要労働時間のような量的規準が成立しているといえるのかどうか？ それらの点について明らかにしないかぎり，ただそこで「生産物」が生産され(または労働の成果が生産物として定義可能であり)，それが売買の対象になっているという意味での「商品」であるというだけでそこに価値の存在を認定できるとはいえないであろう。」と (336-337頁。308頁・332頁も参照)。

1) 参照，山口 [1976] (後に，山口 [1983] に所収)。

(c) 佐藤拓也説 [2000]

佐藤は，物的(または，対象的)という概念と物質的という概念とを区別している。そして，マルクスの「運輸業」(筆者(青才)の用語法では運送業)は「物質的生産」であるという規定に依拠し，「価値規定にさいして，……「物的」財貨を生産するか否かはその判定基準ではない」(73頁)という。総じて，佐藤は，「価値規定(の)適用」の問題に関し，一面では，上記叙述がなされたのが「②物質的生産，非物質的生産と価値」という節 (73-74頁) においてであったということからもわかるように，渡辺的視角から，物質的生産と非物質的生産との相違を重視し，最終的結論は，「技術的基礎に裏付けられた規則的，法則的な労働投入」(72頁) 等の規定からもわかるように，但馬的視角から，再生産に必要な労働量，社会的必要労働量の「確定」性 (72頁) の有無という視角から，価値形成の規定を与えている。

以下，渡辺・但馬・佐藤が問題にしていることを，ロダンの彫像(「考える

第 5 章　非物質的生産における価値規定，そして「不確定性」の問題　**147**

人」）を例として語ろう。ロダンの「考える人」——目に見え・手でつかみうる（つかむ・触ると，美術館の守衛に叱られるが）物的成果であるとはいえ，芸術的作品，それ故に，非物質的成果——は，世に一つのものであり，商品の価値は実際に投下された労働量によってではなく「再生産」に必要な労働量によって規定されるのだが，その「再生産に必要な労働」という規定が，ロダンの彫像等に関しては存在しない等，非物質的商品の生産に関しては，規準となる再生産労働量・再生産費用が「確定」できない，という問題がある。同様のことは，高度の技能が必要な生産，例えば有田焼の名工による源右衛門窯での陶器生産等においても問題となる。その陶器が商品として「再生産」されているとしても，そこにおいて，社会的必要労働——商品を生産するのに社会的に（支配的生産条件において）必要な労働——を，但馬の表現を用いて言うと「量的基準」がある労働，佐藤の表現を使って言うと「技術的法則性」（[2000] 73頁）がある労働を規定しうるのかということが問題となるのである。以下，商品を生産する労働とその成果（商品量）との間の「確定性」の問題について論じよう。

　筆者は，本書第 1 章所収の『経評』論文 [1977] 公表時においてすでに，『経評』論文 144 頁で，山口 [1976] を参照したことからもわかるように，「確定性」との関連において労働と価値（社会的価値）との関係を考える山口説は知っており，また，『経評』論文も，その見解の存在を意識しつつ書いたものである。特に，本第 5 章冒頭で引用した『経評』論文注(5)（141-142 頁）の次の注(6)（142 頁，本書 30 頁）で，「物的［かつ物質的］な商品の生産が理論抽象の基礎として選ばれた根拠」の一つとして，「いわゆるサーヴィス労働においては，一般に，資本の下への労働の形式的・実質的包摂も不充分に終わらざるをえず，特殊資本制的生産様式の分析のためには物的［かつ物質的な］産業部門が選ばれねばならない。このことは同時に，熟練労働の資本の下への包摂，労働量による価値規定の問題とも関係している。」と述べたのもそのためである。そして，その点に関わる結論は，以下のもの，「理論抽象の基礎と，そこで得られる規定の妥当範囲とは異なるということ。および，経済学においては，理論抽象の基礎と根拠とを明確にした上で諸規定を与えることが［物的かつ物質的な商品の生産を理論抽象の基礎として「労働量による価値規定」を与えることが］

課題なのであって，その規定の妥当範囲の確定［例えば，ロダンの「考える人」の制作も価値を形成しているのか等の確定］が課題なのではなく，むしろ様々の中間形態・限界領域［ロダンの「考える人」の制作］にかかずりあうことは，諸規定を［「労働量による価値規定」を］あいまいにするだけであるということ。この両者を統一的に把握すべきだろう。」(142頁，本書30頁)というものであった。

　少しわかり易く語ろう。同じく，「彫像」といっても，様々なものがある。寺院への「道行」に 10m おきに 100 体並べられたそれ，箱根と信州美ケ原に同じものがある人間が立体的に組み合わされた「像」，ロダンの「考える人」のコピー，ロダン自身が制作した「考える人」そのもの，等々。最初に登場する「像」生産の労働に関しては，多くの人が価値形成的ということだろう。そして，最後のロダンによる「考える人」制作の「労働？」に関しては，それを価値形成的ということに人々は躊躇することであろう。そして，それは正しい。そこにおいて，価値の形成・非形成の問題を考えることは，ロダンの「考える人」制作は，これこれの複雑労働の成果であって，それ故に価値が高い等の言辞を弄することは，意味の無いこと，――渡辺の「非物質的労働生産物への価値規定の適用そのものが無意味である」という場合の「無意味」がこの意味かどうか不確かだが――，「無意味［ナンセンス］」なことである。

　確かに，山口が，また，但馬が，そして，佐藤が言うように，「労働量による価値規定」の問題を考えるとき，特定の労働量が「確定的」「比例的に」一定の成果をもたらすかどうかという問題は，重要な問題である。そして，その際，問題は，労働量とその成果量との関係一般の問題ともなっている点にも注意されたい。渡辺・佐藤は，非物質的な領域に関わるものとして問題を立てており，但馬は，労働量と生産商品量（非物的商品生産量というニュアンスを持ったそれ）との関係として問題を立てており，山口は，当初の［1976］では，物質的領域に属し，かつ，成果が商品生産量という形をとる訳ではない流通諸費用に即して問題を立てているからである。そして，この労働量とその成果量という問題は，コンピュータ・ソフト――それを物的，または，物質的等の視座からはどう位置づけるにせよ――の「再生産に必要な労働」は，コピーすればよいのであって極めて廉価である等，研究・開発に投ぜられた労働量は価値形成上

どうなるのかという問題としても立てられるからである。筆者の当該問題に対する結論は，『経評』論文［1977］142頁（本書30頁）においてすでに提示している。物的かつ物質的な領域を「抽象の基礎」として与えられた，労働が価値を形成するという規定は，非物的・非物質的領域についても「妥当」するという点と，「その規定の妥当範囲の確定が［経済学の］課題」ではないという点，「この両者を統一的に把握すべきだろう」と。

表現を変えて語ろう。同じく「彫像」といっても，そのうちには，労働量とその成果量との関係が非常に確定的なもの(a)から，全く確定性はないと言ってよい「ロダンの考える人」(z)に至るまで，その確定度には量的相違がある。例えば，「彫像」が，複雑労働・芸術的要素の増大等の故に確定度が低くなる順に，a，b……zと並んでいたとする。とした場合，a〜mは価値形成的だが，n〜zは，価値非形成的だというような質的区分を与えることはけっしてできないであろう。量的相違があるものに対しては，労働による価値の規定においても，量的相違があるものとして分析するしかないからである。使用価値に関わる労働（生産等）と，使用価値に関わることなく単に価値の形態変換に関わる労働（販売等）という質的区別がある場合には，前者は価値形成的，後者は価値を形成することはない，という質的区分を与えることができる。だが，同じく，「彫像」の「生産」を問題にする場合には，特定の労働を投じたとしても，その形成価値量は，aからzに行くに従い段々と「不確定」になる。そして，zにまで至れば，労働による価値規定ということを問題にすること自体，さらには，そこにおいて，労働・生産・価値という概念を使うこと自体が，無意味になる，ということになるのではないだろうか[2)3)4)]。

2）以上述べた点については，青才［1985］「利潤論の諸問題(4)――流通諸費用を中心として」第五節［4］［山口の「確定」「不確定」と価値形成の有無論批判］（15-17頁）［青才［1990］『利潤論の展開』未収録部分］を参照されたい。
3）山口は，山口［1985］において，生産過程における労働である熟練労働も，単純労働ではない限り「確定的」ではないので，「価値形成」的ではないと言っている。筆者は，［2022］16頁で，その点を批判し，「豊作・不作のある農業，同じ鉱区でも成果は日々異なりうる鉱山労働も含め，熟練労働も「価値形成」的と規定できるよう，もともとは山口理論がそうであったように，生産の確定性と流通の不確定性との区別，マルクスにおける，生産（zur Natur, 使用価値関

連)と流通 (nach einander, 商品の持手交替) との区別, ナイトの (豊作・不作等の) リスクと, (売れるか売れないかわからない等の) uncertainty (不確実性) との区別を重視すべきだろう。」と述べた。

4) 運輸費用・保管費用・売買費用の, 価値形成・生産価格構成上の相違については, 青才 [1990]『利潤論の展開』第三章第四節参照。

参考文献リスト

1. 本稿で引用・参照した文献のみを示す（ただし，マルクスは除く。マルクスに関しては「凡例」を参照）。
2. 本稿での論文名の略記等を［………］内に付記する。
3. 配列は，著者の50音順とする。

青才高志［1976］「流通過程の変動と商業資本論」（東京大学大学院）『経済学研究』（1976.10）。

青才高志［1977］「価値形成労働について——生産的労働とサーヴィス——」『経済評論』（1977.9）。［『経評』論文］

青才高志［1978］「『資本論』とプラン問題——『経済学批判』プランと「競争論」——」『経済学批判』第5号，社会評論社（1978.5）。

青才高志［1983］「有用効果生産説批判——有用効果生産説は正しい，故に誤りである——」『信州大学経済学論集』（1983.3）。

青才高志［1985］「利潤論の諸問題(4)——流通諸費用を中心として——」『信州大学経済学論集』（1985.3）。［青才［1990］に再録］

青才高志［1990］『利潤論の展開——概念と機構——』時潮社。

青才高志［1991］「プラン問題をめぐる諸見解——佐藤金三郎氏の死を悼んで——」『信州大学経済学論集』（1991.3）。

青才高志［2000］「生産価格の編入と〈資本一般〉の転回——大村泉氏の見解の検討を中心として——」『信州大学経済学論集』（2000.7）。

青才高志［2006］「マルクスのサービス概念——労働売買説批判——」『信州大学経済学論集』（2006.9）。

青才高志［2022］「価値に関連した諸問題」『宇野理論を現代にどう活かすか Working Paper Series』2-27-1，（http://www.unotheory.org/news_II_26）

赤堀邦雄［1971］『価値論と生産的労働』三一書房。

阿部輝男［1967］「生産的労働論と国民所得論——マルクスの生産的労働論を国民所得論の基礎論構築のために用いることの誤りについて」（中央大学）『商学論纂』（1967.11）。

安部隆一［1947］『流通諸費用の経済学的研究』伊藤書店。［『流通諸費用』］

有江大介［1980］「マルクスにおける「抽象的人間的労働」の概念」（東京大学大学院）『経済学研究』（1980.10）。

飯盛信男［1977］『生産的労働の理論——サービス部門の経済学』青木書店。

石倉一郎［1967］「生産的労働と価値の概念の新解釈」『現代の理論』(1967.8・9)。
石倉一郎［1969］「「生産的労働と価値の概念」再論」(静岡大学)『法経研究』(1996.3)。
石倉一郎［1982］「討論の回顧と最近の展望」石倉・渡辺等［1982］所収。
石倉・渡辺等［1982］『経済労働研究 第一集 サービス労働・非物質的賃労働・非物質的商品』経済労働研究会(1982.11)。
井田喜久治［1967］「サービスについて」(立教大学)『経済学研究』(1967.5)。
宇野弘蔵［1950］『経済原論』上巻，岩波書店。
大谷禎之介［2001］『図解 社会経済学』桜井書店。
大吹勝男［1978］「流通費用としての保管費用の生産的性格」(駒澤大学)『経済学論集』(1978.9)，(後に，大吹［1985］に再録)。
大吹勝男［1980］「『資本論』における運輸費用について」(駒澤大学)『経済学論集』(1980.3)，(後に，大吹［1985］に再録)。
大吹勝男［1980］「サービスおよびサービス労働概念について」(駒澤大学)『経済学論集』(1980.12)，(後に，大吹［1985］に再録)。
大吹勝男［1984］「人間の運輸とサービス業」(駒澤大学)『経済学論集』(1984.6)，(後に，大吹［1985］に再録)。
大吹勝男［1985］『流通費用とサービスの理論』梓出版社。
加藤義忠［1969］「保管費用の特殊性──安部教授の所説によせて──」『大阪市立大学論集』(1969.3)。
金子ハルオ［1966］『生産的労働と国民所得』日本評論社。［金子『生産的労働』］
金子ハルオ［1978］「サービスの概念と基本性格」，金子等編『経済学における理論・歴史・政策』有斐閣，(後に，金子［1998］に再録)。
金子ハルオ［1984］「生産的労働と不生産的労働」富塚良三編『資本論体系7 地代・収入』有斐閣，(後に，金子［1998］に再録)。
金子ハルオ［1985］「サービスの理論問題」『経済理論学会年報』第22集，青木書店，(後に，金子［1998］に再録)。
金子ハルオ［1998］『サービス論研究』創風社。［金子『サービス』］
金子ハルオ［2003］「サービスとは何か。「経済のサービス化」をどう把握するか」『経済』(2003.7)。
櫛田豊［2003］『サービスと労働力の生産』創風社。
古賀英三郎［1975］「階級編成と生産的労働」『一橋論叢』第73巻第5号。
斉藤重雄［2005］『現代サービス経済論の展開』創風社。
佐藤拓也［1997］「マルクスのサービス(Dienst)概念とその含意」政治経済研究所『政経研究』(1997.11)。
佐藤拓也［2000］「サービス労働の価値形成性」大石雄爾編著『労働価値説の挑戦』大月書店。

副田満輝［1956］「生産的労働と不生産的労働——国民所得とサービスについて」（九州大学）『経済学研究』（1956. 3）。
世利幹雄［1970］「国民所得論と生産的労働」（九州産業大学）『商経論叢』第 11 巻第 2 号（1971. 1）。
但馬末雄［1987］『マルクスの商業資本論』法律文化社。
但馬末雄［2000］『商業資本論の展開（増補改訂版）』法律文化社。［『増補』］
但馬末雄［2006, 2009, 2010, 2014］「マルクスのサービス概念論」（I）（II）（III）（IV）『岐阜経済大学論集』（2006. 3, 2009. 9, 2010. 11, 2014. 3）。
田中英夫［1978］「生産的労働とサービスについて」（立教大学）『経済学論叢』（1978. 2）。
谷川宗隆［1977］「『資本論』第一巻における有用的効果について（I）」『富大経済論集』（1977. 11），（谷川宗隆［1988］に再録）。
谷川宗隆［1988］『流通過程の理論（増補版）』千倉書房。
刀田和夫［1977］「労働の対象化，物質化，凝固とサービス労働」，（九州大学）『経済学研究』（1977. 5），（後に，刀田［1993］に再録）。
刀田和夫［1979. 8・10］「サービス商品の価値と商品体——赤堀邦雄教授の諸説に関連して——」(1)(2)（九州大学）『経済学研究』（1979. 8・12），（後に，刀田［1993］に再録）。
刀田和夫［1993］『サービス論争批判』九州大学出版会。
中西健一［1957］「マルクスにおける交通＝生産説の二つの根拠——交通生産論争によせて——」（大阪市立大学）『経済学雑誌』（1957. 10）。［「二つの根拠」］
中西健一［1965］「交通の生産的根拠——赤堀邦雄氏の論文によせて——」『運輸と経済』（1965. 12）。
馬場雅昭［1974］「運送費用論序説——流通費用解明のための予備的考察——」（大阪市立大学）『経営研究』（1974. 11）。［「運送費用」］
馬場雅昭［1981・1982］「サーヴィス労働およびサーヴィスについて」(1)(2)『旭川大学紀要』（1981. 12, 1982. 4），（後に，馬場［1989］に再録）。
馬場雅昭［1982］「資本制生産におけるサービス生産の三形態」『旭川大学紀要』（1982. 11），（後に，馬場［1989］に再録）。
馬場雅昭［1989］『サービス経済論』同文舘。
原田三郎教授還暦記念論文集刊行委員会編［1975］『資本主義と国家』ミネルヴァ書房。
広田純［1967］「生産的労働の理論的性格と範囲——金子ハルオ著『生産的労働と国民所得』を読んで」『経済評論』（1967. 5）。
松村一隆［1969］「生産的労働とサービス」，（愛知大学）『法経論集（経済篇）』（1969. 7）。
茂木六郎［1958］「保管費用と運輸費に関する一考察（二）」（長崎大学）『経営と経済』

(1958.10)。

山口重克［1976］「商業資本と競争論(2)」(東京大学)『経済学論集』(1976.10)，(後に，山口［1983］に再録)。

山口重克［1983］『競争と商業資本』岩波書店。

山口重克［1985］『経済原論講義』東京大学出版会。

渡辺多恵子［1972］「マルクスのサービス規定」『日本のこえ』(1972年9月等)，(後に，石倉・渡辺等［1982］に再録)。

渡辺多恵子［1982］「賃労働とサービス労働，物質的商品と非物質的商品——論争点の発展のために——」，石倉・渡辺等［1982］に所収。

渡辺雅男［1977］「雇用労働の諸形態」(一橋大学大学院)『一橋研究』(1977.6)，(後に，渡辺［1985］に再録)。

渡辺雅男［1978］「労働のサービスと非物質的労働」『一橋研究』(1978.12)，(後に，渡辺［1985］に再録)。

渡辺雅男［1980］「サービス概念の再検討——J・B・セイの「生産的サービス」論とマルクス——」『一橋研究』(1980.9)，(後に，渡辺［1985］に再録)。

渡辺雅男［1984］「サービス労働論の諸問題」富塚良三編『資本論体系7 地代・収入』有斐閣，(後に，渡辺［1985］に再録)。

渡辺雅男［1985］『サービス労働論』三嶺書房。［『渡辺』］

The Oxford English Dictionary, second Edition, 1989.

あとがき

　最初に，本書と初出論文との対応を記しておこう。

　「第1章　価値形成労働について——生産的労働とサービス——」は，「価値形成労働について——生産的労働とサーヴィス——」『経済評論』（1977年7月）からなる。本『経評』論文は，筆者の大学院時代に，[1976]「流通過程の変動と商業資本論」に続く2作目の論文として公表したものである。今回本にまとめるに際し改めて思ったが，筆者の主張点は，ほぼすべて，本論文で述べていた。

　「第2章　「場所移動」に対する二つの分析視角」は，「有用効果生産説批判——有用効果生産説は正しい，故に誤りである——」『信州大学経済学論集』（1983年3月）からなる。補論A「労働過程と生産過程——有用効果概念を睨みつつ——」は，今回の書き下ろしである。なお，青才[1983]の内，他論者の検討・批判の一部は省略した。

　「第3章　マルクスのサービス概念」・「第4章　労働売買説批判」・「第5章　非物質的生産における価値規定，そして「不確定性」の問題」，補論B・D・Eは，「マルクスのサービス概念——労働売買説批判——」『信州大学経済学論集』（2006年9月）からなる。ただし，他論者の検討・批判の一部は省略し，第5章部分に関しては，構成を変えた。なお，第4章補論C「「資本（・収入）と労働との交換」なるもの」は，今回の書き下ろしである。

　本書に収めた諸論考は，筆者の諸論考の内，最も，マルクス批判の性格が弱いものである。①開業医師等の，非物的商品の小生産者と規定すべきものを，マルクスは，時折，お雇い医師等の，不生産的労働者，本来のサービス提供者であるかのように語っている，②マルクスは，不生産的労働者は主人に労働力を売るということを明言しながら，繰り返し，不生産的労働においては，収入と労働との交換がなされると表記している等の点につき，マルクスの別な箇所での正しい規定等を参照し，正したのみである。

　その意味では，本書は，マルクス「解釈」の本である。そして，そのマルク

ス解釈において，いわゆるマルクス信奉者は，その「信奉」の故か，マルクス解釈に成功していないことを知った。マルクス解釈は，コンテキストを踏まえて，また，マルクスの全理論体系を踏まえて，さらには，『要綱』から『資本論』草稿群に至るマルクスの歩み（変化・発展）を踏まえてなされるべきである。そしてまた，逆説的ながら，マルクスに対する批判的スタンスがあってこそ，マルクスのテキスト・クリティークも可能であることを知った。

青才［1990］『利潤論の展開』等においては，宇野弘蔵の提起を踏まえた展開，さらには，指導を受けた3先生（年齢順に，山口重克，侘美光彦，伊藤誠先生）等から学んだ展開を行ったが，本書では，本書の課題をよりよく実現するために，意識的に，ジャーゴンを使うことなく，マルクス『資本論』のみを前提にすればわかるよう表現することに努めた。

本書のような，ある面ではマルクス解釈に留まるような論考をものした理由としては，もう一つ，筆者のマルクスとの関わりにおける経路依存性があるように思える。筆者は，高校時代，国語の教科書に載っていた三木清の「仮説について」を読み，面白かったので，同文書が収録されている『人生論ノート』を買って読み，哲学をやりたくなった。そして，大学入学後，古本の三木清全集（岩波書店）を買い揃え読みふけった。そして，三木の「人間学のマルクス的形態」が面白かったが故か，大学入学は1967年4月であり，その頃ベトナム反戦闘争が盛んであったが故か，マルクスに，そして，『資本論』に興味を持つことになった。筆者は，大半の人が文学部に進学する文IIIに属していた故か，『宇野原論』『鈴木原理論』『日高原論』等（私より若い世代であれば，『山口原論』『伊藤原論』，さらには『小幡原論』等）をテキストとして経済理論を学ぶということはなく，筆者の経済学入門は，わかってもわからなくてもよいから，とにかく『資本論』を読むということであった。そういうプロセスを経てマルクス経済学に入門したせいか，大学が無期限ストライキ中にクラスで組織した自主ゼミの一つの「『資本論』研究会」でも，多くの人はいわゆる宇野派だった等，東京大学，「全共闘」という特殊性もあるのか，周囲は宇野派的であったが，筆者はそうではなかった。宇野派的であるかどうかのメルクマールは，流通（形態）論の自立化，労働と価値との関連を，マルクスのように商品論においてではなく，労働過程・生産過程を説いた後の，（商品の）価値形成過程で

説くという点にあると思う。だが，筆者が，その宇野派の見解をとるに至ったのは，経済大学院入試の直前，そして，他の人々とは異なり，資本制社会においては，労働は，資本による労働力商品の消費としてなされるのだから，労働と価値との関連は，商品論においてではなく，資本登場後の「資本の生産過程論」で問題にすべきだというものだった。

　もちろん個々のテーマにおいては，山口重克等から学び，宇野以上にマルクスから離れるという面もあるが，全体的なスタンスとしては，筆者の位置は，マルクスと宇野の間にあるような気がする。本書で，サービス論・生産的労働論を，第2章で，「場所移動」の価値形成に関するマルクスの二つの根拠を問題にしているのも，また，宇野派の一部とは異なり，価値の実体は労働であるという枠組みで論じているのも，マルクスからなかなか飛翔しえない筆者のスタンスの故だと思える。

2025年2月

青才高志
あおさいたかし

- 1949 年　広島に生まれる
- 1967 年　広島県立観音高等学校卒業
- 1972 年　東京大学文学部倫理学科卒業
- 1978 年　東京大学経済学研究科博士課程修了
- 1978 年　信州大学経済学部選任講師
- 2014 年　信州大学経済学部定年退職（信州大学名誉教授）
- aosai@shinshu-u.ac.jp

主要業績
- 「『資本論』とプラン問題」（『経済学批判』第 5 号，社会評論社，1978 年 5 月）
- 『利潤論の展開』（時潮社，1990 年）
- 「地代論の再構成（上）（下）」（『信州大学経済学論集』，1993 年 7 月・1998 年 7 月）
- 「株式資本論の再構築」（共著『資本主義原理像の再構築』御茶の水書房，2003 年）
- 「好況末期の特殊な「資本過剰」と金兌換増大」（共編著『マルクス理論研究』御茶の書房，2007 年）
- 『増補新版 現代経済の解読』（共著，御茶の水書房，2013 年）

サービス理論の転換　本来のサービスといわゆるサービス

2025 年 4 月 4 日　初　版

著　者　青才高志
装幀者　加藤昌子
発行者　桜井　香
発行所　株式会社 桜井書店
　　　　東京都文京区本郷 1 丁目 5-17 三洋ビル 16
　　　　〒 113-0033
　　　　電話（03）5803-7353
　　　　FAX（03）5803-7356
　　　　https://www.sakurai-shoten.com/

印刷・製本　株式会社 三陽社

© 2025 AOSAI Takashi

定価はカバー等に表示してあります。
本書の無断複製（コピー）は著作権上
での例外を除き，禁じられています。
落丁本・乱丁本はお取り替えします。

ISBN978-4-910969-05-3　Printed in Japan